高扬起奋斗的臂膀

范恒山 著

中国财经出版传媒集团
中国财政经济出版社

图书在版编目（CIP）数据

高扬起奋斗的臂膀 / 范恒山著 . -- 北京：中国财政经济出版社，2021.3
ISBN 978－7－5223－0401－4

Ⅰ.①高… Ⅱ.①范… Ⅲ.①中国经济－研究 Ⅳ.①F12

中国版本图书馆 CIP 数据核字（2021）第 038521 号

责任编辑：刘五书　　　　　　责任印制：张　健
封面设计：楠竹文化

高扬起奋斗的臂膀
GAOYANGQI FENDOU DE BIBANG

中国财政经济出版社 出版

URL：http：// www.cfeph.cn
E-mail：cfeph@cfemg.cn
（版权所有　翻印必究）

社址：北京市海淀区阜成路甲 28 号　邮政编码：100142
营销中心电话：010-88191522
天猫网店：中国财政经济出版社旗舰店
网址：http://zgczjjcbs.tmall.com
北京鑫海金澳胶印有限公司印装　各地新华书店经销
成品尺寸：170mm×230mm　16 开　17.25 印张　189 000 字
2021 年 4 月第 1 版　2021 年 6 月北京第 2 次印刷
定价：96.00 元
ISBN 978－7－5223－0401－4
（图书出现印装问题，本社负责调换，电话：010-88190548)
本社图书质量投诉电话：010-88190744
打击盗版举报热线：010-88191661　QQ：2242791300

目 录
Contents

关于生命的絮语……………………………………… 01

死啃与活读…………………………………………… 05

经济学的复原与经济学家的本色…………………… 09

永向改革涛头立……………………………………… 13

勇谋并举抓改革……………………………………… 28

勇做改革的中流砥柱………………………………… 34

知荣辱　修品行……………………………………… 43

在改革事业中历练与锻造…………………………… 52

新起点　新目标　新路径…………………………… 65

高扬起奋斗的臂膀…………………………………… 87

责任　程序　理解…………………………………… 101

始终站在理论、思想和文化的前线………………… 114

治学四要……………………………………………… 118

百尺竿头再进取……………………………………… 122

人是需要一点精神的………………………………… 129

居高思险　知低求进……………………………………… 161
知足知不足……………………………………………… 170
严于律己　宽以待人……………………………………… 180
承你殷殷情　展我拳拳心………………………………… 194
感谢与期望……………………………………………… 198
风物长宜放眼量………………………………………… 204
持正登高　守诚致远……………………………………… 214
一生情　长相忆………………………………………… 229
做人与治学……………………………………………… 232
改革背景下物质精神关系与企业文化建设……………… 239
中国经济学研究范式的偏差与矫正……………………… 259
创新时代与时代女创客…………………………………… 266

关于生命的絮语[*]

一

价值

商品的价值是劳动的结晶，生命的价值尤其要用劳动来创造。付出的劳动愈多，生命的价值愈大。一个生命为着无数个生命，这个生命有着高贵的价值；一个生命牺牲其他的生命，这个生命是人类的赘物。难怪陈景润们呕心沥血地钻研、废寝忘食地攻关，——他们，为的是使自己的生命具有更大的价值！年轻人啊，你正处于风华正茂的青春时节，是生命勃发的良辰吉期，但你可曾扪心自问过：你有生命，你也有生命的价值？

---

[*] 本文写于1978年9月10日，是作者在大学期间结合经济学基本原理学习所作的自勉感言。

■ 2001年，作者在三峡地区调研时留影

使用价值

　　没有使用价值的物品是废品，没有使用价值的生命是行尸走肉。生命的使用价值，较之于物品更具有双重意义，它是摒弃枯萎、活跃机体的力量，它也是造福社会、妆点世界的源泉！请千万别像吝啬的

小财东用束之高阁爱护商品的使用价值那样来爱护生命的使用价值。要记住,最好的爱护是进入国家四个现代化大厦的建设领域,尽情地消费你生命的使用价值!

价值和使用价值

物的价值和使用价值的统一是商品,人的价值和使用价值的统一是生命。生命昙花一现、瞬刻即逝——在历史的长河中只是那么一眨眼的工夫,应该倍加珍惜!但是,是碌碌无为、尸位素餐给自己延年益寿,还是燃炬成灰、吐丝做茧为别人捐躯献身?前者虽生若死如粪土,后者纵死犹生汗青留。"你热爱生命吗?那么别浪费时间,因为时间是组成生命的材料"。谁驾驭了时间,谁就驾驭了生活,谁就拥有真正的生命!抓住了时间,短暂的人生能走无限的里程;遗弃了时间、纵然活到一百岁,也只是在原地踏步。有道是把一分掰成几瓣用,多努力、创价值。在建设四个现代化的战斗中,消费你生命的使用价值。请记住,真正的生命是使用价值和价值的统一!

光

光,给人勇气、给人希望、给人奋斗的力量。而生命的光,存在于人之勇气、人对未来的希望和人所奋斗的力量之中。反过来,生命的光又增添人的勇气、增强人的希望、增加人奋斗的力量。没有光的生命,不会给自己带来明亮,更不会给别的生命带来明亮,无论有多么健壮，也不过是一个没有思想生气和精神灵魂的光鲜皮囊。没有生命的光，终究不过是昙花一现，最终不会施惠于人，却很有可能加害于人。你想过得愉悦、过得舒畅、过得意满情长吗？那么，请你用辛勤的劳动、用奋斗的汗水来点燃你的生命之光。

热

　　热，可以祛冷驱寒、烹肴煮食、发能造电，但自然的热，毕竟是缺乏情义的，其力量也终究是有限的。具有无限潜能的热存在于生命之中，它能使梦想变为事实、使远景成为现状。它能带来肝胆相照、志趣相通，既温暖着别人又滋润着自己。然而，并不是每个人都拥有生命的热。只有那些不知疲倦忘我劳动、用牺牲自己去造福于别人的人，只有那些甘于吃草、勇于挤奶的人，才真正拥有生命的热。那火热的生命会染红自己、染红别人，甚至会染红整个世界。

死啃与活读[*]

历史上曾有许多人做章作赋，谆谆劝学，我以为，唯以荀子最为苦口婆心。他在《劝学篇》中，殷切规劝人们要有刻苦学习的精神，告诫"锲而舍之，朽木不折；锲而不舍，金石可镂"，而且循循善诱，借此喻彼："登高而招，臂非加长也，而见者远；顺风而呼，声非加疾也，而闻者彰"。在我看来，这些肺腑之言，不仅告诉了读书的重要性，实际上也寓含着要有恰当得体的学习方法的教导。的确，要搞好学习，要学好一门科学，非苦学不可，也非善学不可。

照抄书本，恪守讲义，是一种教条的学习方法；死记硬背、囫囵吞枣，更是一种僵化的读书模式。但话说回来，在学习过程中，"死啃"是要

---

[*] 本文写于1979年3月18日，系作者在大学学习时在全班"学习辅导会"上所作的交流发言。

■ 2017年6月24日，作者为武汉大学《珞珈讲坛》作学术报告

掌握一把钥匙，即对基本的原理、基本的概念，要准确地掌握，在这方面不可以马马虎虎、似是而非，为此，是需要一些死记硬背的。要知道，没有坚硬的学术根基，莫想筑起深入研究的摩天大楼。掌握基础理论知识必须"死啃"。但在这个基础上，也要努力做到"活读"，这就是要深钻细磨、追根究源、举一反三、灵活运用。对社会科学学科的学习更是如此。要开阔思想、勇于探索，一如在深山里探宝，敢于走向充满神奇的隐幽之处。如何"活读"？我以为至少应把握住这样一些方面：

一是追根究源、融会贯通。在学习过程中，往往会碰到一些复杂的难题，令人一头雾水、抓耳挠腮。面对难题，既不可望而生惧、畏葸不前，也不能浅尝辄止、功亏一篑，必须知难而进、刨根问底。可以运用已有的知识辨识真伪与深浅，或者通过讨论启迪心智、提高认识，反复思考琢磨，最终必有收益。面对难题，最好不要先求现存答案，不要一味依赖参考书目，要坚持独立思考、执着求索，在一次次错谬中寻找"蓦然回首"的感觉和"云开雾散"的惊奇。

二是打破框框、拓展"外延"。一些重要观点老师已经讲过、讲义也有阐述，尽管入情入理，也不可一味照单全收。还是应该深入推敲、反复琢磨，多问几个为什么，真正弄清来龙去脉。在吸收运用重要学术见解时，要敢于自我"刁难"、自觉"作茧自缚"，通过探索真正弄懂弄通，求得破"茧"而出，并依此形成积累、提升境界。更要借助所学知识，依靠科学研究方法加以引申拓展，实现新的创造与发展。在学术探讨方面，要敢于突破禁区，不为已有框框所囿。只有这样，才能不断开阔视野、增长才干、形成厚重。

三是透析结构、洞察联系。学习每一篇文章、每一部著作，都要做多方面的研究分析，包括时代背景、创作初衷、章节设计、思想脉络等，特别要重视了解其中所体现的逻辑结构和内在联系，找出核心思想，把握基本脉络。马克思所著《资本论》是经济学人的必读之书，卷帙浩繁、洋洋洒洒，泛泛而读很难把握，但如果从矛盾解析入手，则全书脉络就一目了然：从分析商品经济的矛盾到揭示剩余价值的秘密，进一步挖掘资本主义的基本矛盾，最终阐明资本主义社会灭亡的客观必然性。总体而论，似可以说一对矛盾发展脉连全书。深入分析我们还能看到，《资本论》的研究方法是从现象到本质、从形式到内容，而叙述方法则迥然相异，是从本质到现象、从内容到形式。总体而论，似可以说唯物辩证法纵横其中。对于读书而言，分析著作的内在结构，探讨思想观点的内在联系，具有多个方面的好处，不仅可以准确把握中心、抓住重点，还可以深化理解、帮助记忆，也可以完善研究方法、提高写作技巧。

知识的海洋是浩瀚无垠的，而获得知识必须付出超常的努力，这其中也包括通过努力掌握科学的学习与研究方法。在夯实知识基础、提高研究能力方面来不得虚伪，要不得小聪明。爱迪生说过，天才是百分之九十九的流汗和百分之一的"灵感"，而我们应该懂得，在求索知识的道路上，不应寄希望于百分之一的"灵感"，而应该做到百分之九十九的流汗。

经济学的复原与经济学家的本色[*]

没想到写"专栏"是这般的难。平时汩汩而流的思绪此刻竟然千呼万唤不出来。我担心，自己会不会辱了"专栏作家"的称号，把《经济学消息报》"批"给我的这块"特区"弄得一团糟！也罢，既已"上架"，也只有故作潇洒走一回了！

说点什么呢！还是谈谈经济学本身吧。许多年来，常听到这样的责难：中国没有真正的经济学，中国缺少真正的经济学家，这固然有些"虚无主义"，也有点危言耸听，但依愚见，经济学与经济学家们也的确有些"异化"了。比喻说，经济学是不是变成了政策解释学和文件辅导学，做了政治的附庸？一遇某讲话某文章发表，一些人

---

[*] 本文写于1993年3月，是作者应《经济学消息报》之约开辟的《三原色》专栏所写的开篇文章。

便趋之若鹜，于是有了一大堆（不知是否有用的）心得体会与辅导材料；还比如说，经济学是不是变成了引证学？动辄马克思曰恩格斯云，每必"寻经找典"，似乎穿牛仔裤跳霹雳舞之类，经典著作中也有"说法"；又比如说，经济学是不是变成了政治批判学？一篇稍有棱角的文章，在有些人那里似乎成了引发世界大战的导火索，必欲扼吭拊背、置之死地而后快。于是我们的经济学家有的成了引证专家，娴熟到如锦囊在手，一切都可以呼应而出；有的成了考据专家，擅长于就某一小注做英文版与法文版或德文版等的比较研究，能洞察某个学术名词的磅礴背景和重大意义；有的成了揣摩专家，精通于在文隙字缝里探政治走向与权利变势，而后见风使舵，偷合苟容；还有的成了斗争专家，一棒在手，自觉气候合宜即大打出手，横扫一番。这虽然不是经济学、经济学家的全部与大部，但此种现象哪怕十之有二三，也着实可以把经济学逼入死胡同并足以让观者"出言不逊"的了。

无论如何经济学不该是这样子。在我看来，经济学应该是唯实之学，因为它是研究人类社会支配物质生活资料的生产和交换规律的科学，离开了活生生的社会经济实践，它就失去了生存的土壤，它附于实践研究且推动实践，于指导实践的政策来说，它是依据是前提而不是译言与缀语；经济学应该是创造之学，对于经济关系深层的探索及社会经济运动的真实方向的辨析决定了它必须锐意开拓，而不能株守旧制，为条条框框所囿。经济学应该是理智之学，它不凭感情对待已有的结论与教义，无论出身如何的学说流派，都一律置于实验检验和理性批判的基础上加之扬弃，既不曲意逢迎，亦不盲目排斥；经济学还应该是宽容之学，它厌恶与拒绝政治性攻讦。但却鼓励人人相师，大胆地进行思想认识与学术观点间的交融、沟通和撞击。总之，经济

作者在"2009年首都经济学界新春论坛"上作演讲

学应该是紧紧契合时代经济生活之节拍并为之导向领航的朴素而深远、严谨而又活跃的科学。

因此,说经济学有个复原问题大概不是虚妄之言。这种复原,是要由依附走向独立、由凝固走向灵活、由主观走向客观、由蛮横走向宽松,也是要由虚假、呆滞从而苍白无力走向真实、开放进而复苏繁荣。唯有如此,才能防止和遏制经济学的堕落与萧条,使之走出困境并永葆生命之树常青。

这无疑是项系统工程。如政治的理智、文化的开明、社会的宽厚、体制的完美等,无不对于经济学的复原与复苏至为紧要。但是笔者以为，根本的还是我们经济学家自己，难道虚伪、庸俗乃至无聊的"经济学"，不是某些人的虚伪、趋炎附势和不负责任所致吗？如果我们的经济学家能够不唯上，不唯书，只唯实，一切从实际出发；如果我们的经济学家向历史负责敢于开拓与创新，而不循规蹈矩；如果我们的经济学家为了真理孜孜追求即使淡泊一生而不悔，我想，经济学就能真正成为推动社会发展的科学而大放异彩。

  比之其他科学，经济学多了一些光环和荣耀，但经济生活一旦操纵在经济学家的"手术刀"下，经济学家所承担的将是比医生之治病救人不知大多少倍的风险与责任。所以，经济学家的使命是历史性的，其荣誉也是不容玷污的，真正的经济学家是应该有"威武不屈、富贵不淫、贫贱不移"的浩然正气的，也是应该有忍受孤独、忍受寂寞，能在纷至沓来的干扰与形形色色的诱惑中坚守自己的清白的毅力和勇气的，这也许从来就是经济学家的本色。现在是重视这种本色的时候了。浓烈的政治斗争氛围已经或正在消失，社会主义市场经济理论已经确立——这既是经济学复原的表现，又为它的进一步复原创造了条件，为了无愧于历史和未来，为了经济学的纯洁与荣誉，起码为了使自己油彩味未褪的"宏论"不至于"不堪卒读"，经济学家们，放开胆子大步走，走向真实，走向清纯，也走向深刻。

  这是我们发自内心的呼唤，就当作"专栏"的开篇吧！

永向改革头立

涛*

今天，召开的是司全体干部大会，这是自经济体制综合改革司成立以来参加人员最为齐全的一次会议。这次会议非常重要。刚才我们宣布了委党组关于我司内部处室设置决定及各处领导与非领导职务任职名单，这标志着经过 5 个多月的努力，我司的组建工作已经顺利完成，也意味着我司步入常规运行状态，各项工作将全面展开。

下面我讲两点意见。

---

* 本文系作者于 2003 年 8 月 22 日在国家发展和改革委员会经济体制综合改革司全体干部会议上的讲话。

经过各方面的共同努力，前5个月我司
各项工作取得了积极进展

已经过去的 5 个月是极不平凡的。机构调整和人员变动，一定程度带来了一些同志思想上的波动；"非典"时期，大家的工作、生活处于非正常状态；机关后勤一度出现空挡，工作需要的硬件设施、设备出现了短缺；人员配备不全而任务繁重、应急事务较多，工作显得有些力不从心；等等。但就是在这种不够宽松的环境下，大家始终保持积极乐观的态度，圆满完成了上级交办的各项任务。可以说，同志们的品行操守和工作能力等在这 5 个月里经历了一次真实的考验。正是大家的齐心协力，我们打了一系列的漂亮仗。

概括起来，5 个月来，我司工作主要取得了 5 个方面的进展。

（一）顺利完成内设机构组建工作

这方面标志性的工作事项是，3 月 24 日，委主任办公会议决定马凯主任分管我司；4 月 21 日，委党组宣布我担任综合改革司司长；5 月 26 日，马凯主任代表党组宣布我司副司长及司级非领导职务名单，并对我司的组建及下一步工作作了重要指示；5 月 27 日，我司召开第一次会议，对我司内设机构组建工作的指导思想、目标、原则和步骤作了全面部署；6 月上旬，我司拟定《经济体制综合改革司主要职责、处级机构和人员编制规定》，上报党组并得到批准；随后又对干部的

任用进行了充分酝酿，逐步确定了处级干部和各处人选，报人事司及党组；刚才宣布了各处设置、处长、副处长及处级非领导职务的任命。至此，在委党组的正确领导下，我司的组建工作圆满结束。

深入而论，我司组建工作体现了三大特点：

一是领导亲自指导，上下协同配合。5个月来，马凯主任始终对我司"三定"方案及处级人选的确定、人员的思想状况、业务工作的安排等非常重视，多次作出专门指示，其他有关领导同志，包括原体改办（即国务院体制改革办公室，下同）的领导同志也给予了具体的指导。可以说，我司的成功组建是委领导亲自指导、司级领导班子精心组织和大家理解配合的共同成果。

二是深入沟通疏导，做好思想工作。我司由原体改办的主要职能司局组成，既涉及机构的重组、合并，也涉及人员的调动、调整。因此，如何科学合理地配备干部以及妥善安排所有相关人员是平稳组建我司的关键。为此，司领导本着高度负责的态度，与每位同志都进行了充分的沟通，细致了解思想动态和工作意愿，充分考虑每个人的工作能力、特长和经验，并帮助他们对自身情况和用人环境进行了详细评估和分析，深入耐心地做好思想工作。同时，主动与原体改办领导、人事司及有关司局沟通协调，最终使每个同志都有一个妥善的安排。这方面的成效是明显的，单由非领导职务转为领导职务同志就有六人之多，这在多部门合并、干部大量富裕的情况下是十分难得的。

三是坚持原则程序，优化队伍建设。机构改革，妥善安排干部固然重要，但更重要的是要塑造一支政治可靠、作风正派、结构优化、高效精干和特别能吃苦、特别能战斗的队伍。为此，新司组建中始终坚持了以下原则：其一，因事设岗、按岗选人。按照体改司的职能设

■ 作者为中国经济体制改革培训班作报告

置相应的处级机构，根据机构承担任务不同，结合干部的特点和兴趣，做到人尽其才、才岗适宜。其二，严把程序、逐级安排。严格按照干部任用规定条件与审批程序，依此确定人员，逐级安排职岗。其三，优化结构、精干高效。以机构改组和人员调整为契机，科学、合理配置干部队伍，努力做到领导班子和干部队伍的年龄结构、专业结构和职务层次结构"三优化"，保证我司干部队伍的高效精干。其四，公开公正、组织决定。严格按照干部任用工作程序和要求，公开编制、职位，在充分听取意见的基础上，由司领导班子共同决定。其五，分步实施、有条不紊。第一步先拟定司的"三定"方案，第二步对干部进行充分酝酿，第三步集体研究决定。

（二）按时保质地完成了一系列工作任务和重大课题

4月下旬以来，我司一方面按照委党组统一部署进行内设机构组建工作，另一方面认真做好委领导交办的重大事项，努力做到组建和业务工作两不误。这些工作主要有：

一是根据委领导和中央有关部门领导的批示，完成了一系列重要文稿的起草工作。主要的有《完善的社会主义市场经济体制的目标与特征》《社会主义市场经济体制建设进展状况分析》《国有企业改革的进展和下一步的主要任务》等。

二是牵头组织一批重要文件的起草工作。包括《关于中国水利投资公司的改革意见》《关于进一步深化广东农垦体制改革的指导意见》《深圳特区实现"四新"问题研究》《国务院关于中国新闻出版集团对其所属成员单位行使出资人代表的批复》（代拟稿）《中国新闻出版集团公司章程》等。

三是参与了一些重要文件的起草。如《关于加快实施"走出去"战略的意见》《关于实施东北地区等老工业基地振兴战略的若干意见》等。

四是深入开展有关经济体制综合改革的重要课题研究。根据委领导批准的《经济体制改革司下半年工作计划》，我们开展了"行业协会改革研究""城乡经济一体化研究""国有事业单位体制改革研究""垄断行业改革研究"等。

五是及时完成各种意见和法律法规的复函办件。几个月来，我司配合委内各司处理了如《关于进一步推进西部大开发若干意见》《关于调整国有经济布局和结构、规范企业改制工作的意见（讨论稿）》《关于加快民营经济发展的若干意见》《对上半年经济形势和下半年改革工作的意见》《十六大以来的改革进展》《2004年经济体制改革要点》《汽车产业发展政策（征求意见稿）》《关于城镇供热体制改革试点工作的指导意见》和《中华人民共和国政府信息公开条例》等各类文函近百件。

六是会同有关部门或地方召开了若干次有影响的会议。譬如与委能源局、交通部水运司共同组织的"中国进口石油海上运输安全研讨会"，与哈尔滨市政府联合召开的"老工业基地国有企业改制改组及有关政策研讨会"等。会议取得了良好的效果，引起广泛的关注。

（三）推进"三个转变"，树立新的司风

在努力做好新司组建与业务工作的同时，我司还在司风和制度建设上，在提高干部队伍素质方面，做了大量卓有成效的工作。

一是把政治学习与业务工作、组建工作有机结合起来。我司多次组织全司或党支部同志学习中央一系列重要文件精神，学习"三个代表"重要思想。通过学习，进一步明确了我们所肩负的责任和应努力的方向。我司作为承担综合改革的部门，要切实以"三个代表"重要思想为指导，把立党为公、执政为民的要求落实到具体工作的每一个环节，只有如此，才能切实把握"三个代表"重要思想的灵魂和本质，才能不断提高工作水平，把经济体制改革推向深入。

二是推进"三个转变"。深入学习和认真贯彻马凯同志代表党组提出的"民为本、国为重、人求进、事求实，懂大局、讲团结，淡名利、守清廉"24字守则，就司风建设，我们提出了"忠诚于党、俯首于

民、精勤于业、躬耕于事、诚挚于人、磊落于世"的要求。为落实委党组《关于开展"推进三个转变，树立机关新风"专题学习教育活动的通知》精神，我司结合"五大磷肥工程"案例，围绕投资体制改革、转变政府职能等主题开展了全司大讨论。讨论中，大家既认识到投资体制改革的必要性和紧迫性，又感受到"推进三个转变"，把"三个代表"重要思想落实到具体工作中的重大意义。

三是加强司内各项制度建设。首先是建立不同层次和不同范围的会议制度。在行政方面，是司长会、司务会、全司大会；在党务方面，是支委会、支部会。司务会迄今已召开七次，平均每半个月一次。通过这些会议，全司同志及时互通信息、交流体会。在共同研讨的基础上，既扩充了知识、又启发了思路。其他重要的制度也相继建立，包括分工协作制度、责任人制度、督促检查制度、会议纪要制度、工作动态制度等。通过建立这些制度，做到工作有布置、有落实，有跟踪、有督查，有表扬、有批评。同时，及时将制度规范化，在参考委有关规定和原国务院体改办的部分管理规定的基础上，结合实际制定了我司的《考勤管理规定》《保密工作规定》和《公文处理工作规定》等。应该说，通过不长时间的努力，司里各项制度的框架已基本建立。

（四）创办了专门的信息刊物，建立了与体改机构和相关部门的联系

为全方位、宽领域、深层次、高质量地反映各方面的改革情况，经马凯主任批准，我司创办了《经济体制改革信息》简报，其定位是，紧扣完善社会主义市场经济体制的主题，反映深化经济体制改革的各

项方针政策；把握改革实践的脉搏，反映各部门、各地推进改革的成功探索和典型经验；跟踪改革实施的进程，反映全国和若干重要领域改革的最新成果及重要数据；关注改革理论的研究进展，反映改革理论的研究突破；归纳改革方法论的最新发展，反映各地、各部门推进改革的方式方法；收集反映国外经济体制改革的情况以及其他必须反映的改革信息。其目的是，为改革决策提供参考、为改革实践提供交流、为改革探索提供指导。

《经济特制改革信息》既有"正刊"，不定期印发，还有"特刊"，定期反映每半个月各方面的改革动态。将来可能还会有"增刊"，主要是反映特别重要的改革情况、改革论述。简报从 7 月份创刊以来，各方面反响很好，许多领导同志希望能够看到这个简报，许多经济界、新闻界的媒体争相转载简报上的文章，许多观点被有关部门引用。

同时，我司建立了与全国副省级以上人民政府体改部门、国务院相关部门以及有关学术、新闻机构的工作联系，从信息互换到工作联络，都有了正规化、制度化的工作机制。下一步，还要根据各领域改革需要，建立必要的改革联系点。总之，编发信息简报、建立联系制度，这项工作越往后意义会越突出。

（五）同全国人民一道打赢了抗"非典"这场没有硝烟的"战争"

这项工作我不详细讲了。我们于 4 月 18 日正式成立了"非典"防治工作小组，按照国家和委里的统一部署积极进行防控，应该说，各项准备工作做得比较早、比较充分、比较细致。大家发扬大无畏精神，精细管控，互帮互助，全司没有一个人患上"非典"，也没有一个人因此而放弃或耽误工作。除有效进行防控之外，我们还积极参与了委里开展《非典型肺炎及对我国经济影响及对策》等的研究工作。

总之，就是在这样特殊复杂的环境下，我司做到了思想不乱、队伍不散、工作不断、国有资产不流失。5个月的实践表明，大家在考验面前表现都很出色，人人精神饱满、斗志昂扬，尽力作出了自己的贡献与奉献。我常常晚上从玉泉山文件起草组回到办公室处理文件，几乎每次都能看到很多同志在加班工作，这就是一个有说服力的证明。很多别的单位的同志，都羡慕我们这个奋发向上的集体，一些同志表示愿意加入我们的团队，到我们司一同开展工作。

进一步加强司风建设，努力将我司建设成为特别能战斗、特别能吃苦的政治可靠、业务过硬的集体

过去的一页无论如何辉煌，都已经翻过。机构的调整，给了我们新的定位、赋予了我们新的使命。尽管全委各业务司都在抓改革，但抓综合改革的就是我们一个司。从工作层面上讲我司不仅承接了原体改办的几乎所有工作，而且业务范围还比之有所扩展，职能有所加强，例如增加了指导、协调职能。作为委里主要负责研究经济体制改革和对外开放重大问题、组织拟订或协调综合性经济体制改革方案与专项改革方案、直接参与推进和指导经济体制改革的部门，我司承担着重要的工作任务，也肩负着光荣的历史使命。我们受命于党组织，受托

于人民，受益于改革时代，决不能辜负委党组对我们的期望。要认真落实委领导的各项指示，恪尽职守、勤勉工作，积极探索新形势下、新机构中有效做好经济体制改革工作的新路子，不断开创工作的新局面，为完善社会主义市场经济体制作出贡献。搞好"三个转变"，形成良好的行政管理体制和优秀的司风是做好各项工作的前提，而良好的领导作风和领导班子素质又是其中的关键。要认真落实委党组提出的24字守则，努力达到以下三个方面的要求：

（一）"忠诚于党，俯首于民，精勤于业，躬耕于事，诚挚于人，磊落于世"

一是忠诚于党。坚定政治立场，在大是大非问题上与党保持高度一致，自觉实践"三个代表"，认真贯彻执行党的基本路线和各项方针政策。

二是俯首于民。牢记党的宗旨，全心全意为人民服务，心为民想、情为民系、权为民用、利为民谋，并带着这种思想观念、这种感情去做每一项工作，做好每一项工作。要强化公仆意识，关心同志、服务大家。

三是精勤于业。努力学习，认真钻研。学习马列主义、毛泽东思想、邓小平理论和"三个代表"重要思想，提高理论与政策水平；学习各种现代知识，提高分析问题、解决问题的能力。与时俱进、常学常新，练真本领、塑高水平。

四是躬耕于事。向人民负责，向组织负责，向历史负责，兢兢业业地做好每一件事；勤于思考，勇于创新，创造性地开拓新的工作局面；有交办有落实，有布置有检查，重要的事项要亲历亲为；要求别人做到的，领导者要首先做到。

五是诚挚于人。维护集体利益，加强沟通配合，诚恳待人，宽厚行事，敢于当面批评，乐于背后助人。讲团结，顾大局，不说假话、瞎话；不跟同志斤斤计较，不与组织讨价还价。

六是磊落于世。树立正确的权力观、人生观和事业观，牢记"两个务必"，遵纪守法，廉洁自律，经得住考验，抵得住诱惑；待遇同下比，要求往上攀。勇于负责，不卖乖讨巧；敢于碰硬，不"趋利避险"；光明磊落，不左右逢源；踏实正直，不沽名钓誉。

（二）努力铸就"五气"，即锐气、正气、灵气、勇气、大气

"三个代表"重要思想的本质是立党为公、执政为民。改革工作者要把这一要求落实在改革工作的每一个环节，为完善社会主义市场经济体制当好参谋、助手和直接推动者，就必须坚持原则，努力铸就"五气"。

一是始终保持与时俱进、敢于创新的"锐气"。改革是一场伟大的革命，改革也是一个长期的过程。按照建立社会主义市场经济体制的方向，我们对传统的计划经济体制进行了一系列改革，取得了举世瞩目的成绩，经济体制格局已经发生了深刻的变化。但总的来说，离建立完善的社会主义市场经济体制的目标还有较大差距。一些深层次的改革尚未触及，一些关键性的改革还有待进一步突破，一些已出台的改革由于缺乏有效的配套措施而难以推进。社会经济生活中还存在着

一系列矛盾和问题，目前令人关切的国企困难问题、金融风险问题、城乡差距问题、地区发展不平衡问题、收入分配差距问题、就业不足问题、社会信用问题、市场秩序问题以及政府职能转变滞后问题，都跟体制不顺密切相关。在世界多极化、经济全球化以及科技创新日新月异的今天，人们对于经济社会发展的认识不断丰富，对社会主义市场经济体制的基本内涵和本质特征的理解不断加深。经济社会协调发展、城乡协调发展、地区协调发展、人与自然和谐相处等新的课题不断显现，并亟待进行相关的体制改革和制度安排。

有鉴于此，我们要始终保持敢于创新的锐气，与时代节拍相协调、与经济规律相契合、与实践发展相衔接，与时俱进，不断研究新状况、新问题，探索新思路、新办法。

二是牢固树立不畏艰难、敢于碰硬的"正气"。我们已经初步建立起社会主义市场经济体制，正在向建立完善的社会主义市场经济体制目标迈进。随着改革的向前推进，改革的难度也越来越大：越来越深入权力和利益关系的本质，越来越涉足于敏感领域和风险地带，也越来越触及改革者自身，对改革工作者提出了严峻的挑战。

无论遇到什么困难和风险，无论形势怎样变化，我们都要能够担当起重任，经得起风浪考验。要以"苟利国家生死以，岂因祸福避趋之"的浩然正气，把实现维护和保护最广大人民群众的根本利益作为一切改革工作的出发点和归宿，以最大限度解放和发展生产力为目的，开拓进取、奋发有为，知难而上、敢于碰硬，按照党的十六大的要求，坚决冲破一切妨碍发展的思想观念，坚决改革一切束缚发展的做法和规定，坚决革除一切影响发展的体制弊端。

三是努力塑造善于改革、务实操作的"灵气"。改革的艰难性和复杂性不断增强，不但要求改革者有把握全局、敢于在挑战中寻求机遇的战略眼光，还要求改革者有灵活务实、善于在困难中实现突破的操作艺术。如何抓住有利时机加速推进改革，如何正确把握改革的节奏和力度，增强改革的预见性、针对性和有效性，健康地推进改革；如何充分考虑环境的约束和兼顾各方利益，体现改革的宏观性、综合性、系统性，顺利地推进改革。这些问题既是在实践中深化改革所要力求解决的难题，也是制定改革方案和思路中所必须充分考虑的问题。

我们要始终立足于造福人民，紧紧围绕发展的主题、结构调整的主线和完善社会主义市场经济体制的目标，坚持从实际出发，做到深入实际、反映实情、做好实事、讲求实效，把原则性和灵活性有机结合起来，提出切实可行的改革方案，科学地推进和指导改革。

四是不断增强自我革命、自我提高的"勇气"。改革工作者本身的素质在很大程度上影响着改革的进程和质量。要把改革工作做好，一要有磊落正直和与时俱进的品格；二要有扎实的理论素养和丰富的实践知识打造能力。

适应新形势下深化改革的要求，改革工作者要自觉实行自我革命，革自己思想的命，始终保持思想观念的先进性；革自身既得利益的命，始终保持立场行为的公正性；革自己陈旧知识的命，始终保持知识结构的时代性。从而做到在思想上不断有新解放，在立场上不断有新提高，在理论上不断有新丰富，在实践上不断有新创造。只有这样，才能不断提高科学判断形势的能力，应对复杂情况的能力，理解和运用政策的能力，分析和解决问题的能力，扎实做好各项改革工作。

五是切实弘扬淡泊名利、无私奉献的"大气"。改革工作者从事的是向旧有体制挑战，实质是向旧有权力和利益格局挑战的事情，在很多人看来，这是风险大、实惠小、得罪人、出力不讨好的苦差事，但这也正是改革的意义所在和改革工作者的价值所在。没有既得利益，才可能在公正的立场上立言行事；不图当前名利，才可能干出彪炳千秋、经得起历史检验的大事情。作为改革工作者，我们要努力形成为国家和人民的事业敢于牺牲自己一切的大气，说实话，办实事，尽全力做好每一项改革工作。

（三）切实做到"三讲"，加强组织纪律约束

一是讲大局，恪尽职责。要对党负责，对人民负责，对历史负责，对社会负责。核心是始终按照立党为公、执政为民的要求，扎实做好各自负责的工作。要以宽广的胸怀、超脱的心态正确面对各种名利，正确对待各种风险，正确对待各种挑战，正确对待各种非议，正确对待各方面的批评。

二是讲纪律，严守规则。要按党的原则行事，按社会公则行事，按组织程序行事，按行政章法行事，按严以律己的准则行事。这里需要强调的是，要严格请示制度、通报制度，要严格保密制度，凡司内工作动态一律不得到处传，司内进行的重要课题研究也要注意保密。

三是讲业绩，苦炼本领。本领是做好各项工作的前提。要苦炼本领，必须用知识充实自己，在工作实践中锻炼提高自己。我们深知也非常理解每个同志都要求进步的心情与愿望，坦白地说，我认为作为一名机关工作者，要求进步是合理、合规、合法、合乎人心的。我们也知道组织应该为每个同志的进步创造条件。但进步靠什么？靠的是自己的努力，要通过自己的努力创造组织上使你进步的条件。在我们

司这种条件除了优良的品格和卓越的业绩外，绝对没有别的。只有具备了这两个条件，你进步了别人才能服气，你自己也才能无愧于心。这是任何人的嫉妒和中伤都动摇不了的。只要建立并坚持了这样一种讲业绩、苦练本领的制度，无论谁当司长，都不会埋没人才。我是一个开放型的人，始终希望一切都置于阳光照耀之下，不让任何黑暗的东西有藏身之地。

上面三个方面，既是建立良好司风的总体原则，也是推进各项工作的具体要求。我相信，只要我们真正按照这些要求加快实现"三个转变"，就没有什么困难不能克服，就没有什么堡垒不能攻破，就一定不会辜负委党组和人民寄予的希望。

"弄潮儿向涛头立，手把红旗旗不湿"。让我们永立改革的涛头，用智慧与汗水去持续谱写社会主义市场经济发展的新篇章。

勇谋并举抓改革[*]

党的十六届四中全会通过的《中共中央关于加强党的执政能力建设的决定》（以下简称《决定》）是我们党历史上第一个全面总结党的执政经验，指导全党不断提高执政能力、圆满担当起执政兴国历史使命的纲领性文件。《决定》强调，提高党的执政能力首先要提高党领导发展的能力，要坚持把发展作为党执政兴国的第一要务，不断提高驾驭社会主义市场经济的能力。《决定》提出，要坚持社会主义市场经济的改革方向，始终站在时代前列领导和谋划改革。国家发展和改革委员会承担着指导和推进总体经济体制改革的职能，我想就加快推进经济体制改革，切实履行好工作职能，谈谈学习《决定》的体会。

---

[*] 本文写于 2004 年 9 月，系作者学习《中共中央关于加强党的执政能力建设的决定》所撰写的体会文章。

一

充分认识深化经济体制改革的重要性和紧迫性

党的十一届三中全会以来的实践充分证明,改革开放是强国富民之路,也是提高党的执政能力的重要途径。我国经济社会之所以出现前所未有的崭新局面,人民生活水平之所以能在较短时间内迅速提高,我们党在各种复杂棘手的矛盾问题面前之所以无往而不胜,关键在于按照社会主义市场经济的要求,坚定不移地推进各项改革。要顺利实现党在新时期全面建设小康社会的宏伟目标,就必须按照党的十六大的要求,加快建设完善的社会主义市场经济体制和更具活力、更加开放的经济体系。在当前,加快推进改革显得特别重要和紧迫。我国经济运行中屡屡出现投资过度膨胀、低水平重复建设严重等病症且久治不愈;一些地区发展经济热衷于抓增长速度而忽视提高质量、增进效益与改善结构,热衷于搞形象工程、政绩工程而忽视为人民群众办实事、谋实利;一些企业为追求眼前利益而忽视制度创新、技术改造和信用建设,甚至不惜弄虚作假。从根本上说,都是不合理的体制和机制所致。不深化改革、理顺体制关系,来自政府部门、企业和个人的各种扭曲行为就不能得到有效矫正,经济社会生活中的深层矛盾与问题就难以从根本上解决,市场经济也难以高效有序地运转;不深化改革、理顺体制关系,经济结构就难以得到有效调整,经济增长方式也无法实现根本性转变,科学发展观就不能真正落实,经济社会的协调发展就会陷于空谈,我们担心的经济停滞、社会分化和政治动荡等不

2012年7月16日，作者在香港宣讲前海深港现代服务业合作区政策

良后果就有可能出现。深化改革既是解决当前问题的有效手段，又是顺利渡过关键时期的根本途径。从体制建设本身看，经过20多年的改革，我们初步建立起了社会主义市场经济体制，但距离改革的目标还有很大差距：国有经济战略性调整和国有企业规范的公司制改造任务远未完成，非公有经济发展仍面临着诸多体制性障碍；市场体系特别是要素市场发育很不完备，维护诚实守信和公平竞争的市场规则与秩序尚未真正建立；政府"错位、越位、缺位"的现象仍很普遍，以经济调节为主体的宏观间接调控体系还需进一步完善；部分社会成员间收入差距悬殊，有效的社会保障体系和收入分配调节机制未能形成；等等。我国改革仍处于攻坚阶段，基于当前的形势和未来发展的需要，应当把改革放在更重要、更突出的位置，积极谋划、大力推进各项改革。

要充分认识推进经济体制改革的复杂性和艰巨性

深化改革的过程，是建立完善的社会主义市场经济体制的过程，也是改革难度不断提高的过程。改革进入新阶段，呈现出一些新特点，其复杂性和艰巨性大大增强。其一，从改革内容看，我们面临的都是一些触及面宽、涉及利益层次深、配套性强的改革，都是这些年由于多种原因想改而未改，改了未改好或未改到位的关键项目，改革到了真正啃"硬骨头"的时期。其二，从改革要求看，人们对改革效应的预期普遍提高，对改革成果分享的要求明显增强，改革的"目的性"日趋清晰和强烈。改革到了现阶段，已从以"破"为主，转变到"破""立"并重和寓"立"于"破"之中，其建设性要求明显增强；已从主要是利益调整转向利益调整和利益增进并重，从利益倾斜转向利益兼顾，特别是要求使广大人民群众都能分享到改革与发展的成果。其三，从改革的动力看，一方面，改革初期，人心思变和良好预期形成的广大人民群众强烈的改革热情，由于改革不断深化造成的利益冲击增强和改革效益分享不均衡而趋于弱化。另一方面，长期作为改革领导者、组织者和推动者的政府部门，随着改革的深化，本身成了改革的主要对象。自己改自己，甚至是大力度地剥夺自身拥有的权力和利益，对于某些政府部门来讲，毕竟不是一件容易的事情，其积极性必然受到影响。所有这些，都使新一阶段的改革变得异常艰难和复杂。推进改革，必须充分认识这种复杂性和艰巨性。

三

推进新阶段的改革要勇谋并举

面对着改革的新形势、新特点和新要求，推进改革必须有勇有谋，既敢于改革，又善于改革。一方面，要坚持社会主义市场经济的改革方向，围绕改革的重点和难点，大胆探索，勇于实践，敢于碰硬，坚决破除一切妨碍生产力发展的体制机制弊端。另一方面，要从推进改革的整体要求出发，审时度势、把握时机、完善方式，切实提高改革措施的针对性和有效性。为此，推进改革时，要把握好以下几点：一是坚持尊重群众的首创精神，鼓励各地区、各方面按照完善社会主义市场经济体制的总体要求，从实际出发自主探索、不断创新，由点带面地推动各项改革。二是坚持尊重客观规律要求，正确处理好关系经济体制改革全局的一些重大问题，特别是坚持公有制为主体和促进非公有制经济发展问题，鼓励先富和消除两极分化、促进共同富裕问题，充分发挥市场在资源配置中的基础性作用和有效实施国家宏观调控问题等。三是坚持实事求是的原则，根据社会主义市场经济的内在要求和改革过程中出现的新情况、新问题，务实、灵活地推进改革，有效把握好改革措施出台的时机、力度和节奏，提高改革效益，减少改革风险。四是坚持统筹兼顾、综合配套，切实解决改革过程中存在的单兵突进、各自为战，以及由此造成的改革措施不规范、效应不明显等问题，协调好改革进程中的各种利益关系，使各项改革有机衔接、相互促进。

四

扎实履行好推进经济体制改革的工作职能

推进改革，建立完善的社会主义市场经济体制，是造福人民、荫及子孙的伟大事业，国家发展和改革委员会各司都承担着推进有关方面改革的重任，作为推进社会主义市场经济体制改革的具体工作者，我们的使命光荣而艰巨。作为直接和专门从事经济体制改革工作的部门，我司要按照党的十六大、十六届三中、四中全会的部署和委党组的要求，适应新的形势，积极地、创造性地做好本职工作。下一阶段，我们要着力抓好以下几个方面的工作：一是建立健全有效的工作机制，推动面上的经济体制改革。通过发布年度经济体制改革要点，召开工作会议和形势分析、经验交流会议，建立部门间、各级发改委间协调与沟通机制，加强改革措施的跟踪调研与监督检查等多种方式，促进各领域、各行业和各地方的改革全面走向深入。二是把遵循国际规则与体现中国国情有机结合起来，以向历史、向人民负责的精神，站在时代和战略的高度，切实制定好总体改革思路和专项改革方案。三是根据实际需要，积极组织和大力推动综合性改革试验和专项改革试点，为指导和推进总体经济体制改革积累经验。四是密切跟踪我国改革和发展进程中出现的新情况，有针对性地选择一些重大和前沿问题进行深入系统的研究。

勇做改革的中流砥柱[*]

中央决定用一年半左右的时间，在全党开展以实践"三个代表"重要思想为主要内容的保持共产党员先进性教育活动，切实解决党员和党组织在思想、组织、作风以及工作方面存在的突出问题，对于学习和实践"三个代表"重要思想、提高党的执政能力和巩固党的执政基础、实现全面建设小康社会宏伟目标具有重大意义。国家发展和改革委员会开展保持共产党员先进性教育活动以来，按照委先进性教育活动领导小组的统一部署和要求，司党支部结合工作实际，认真做好思想发动，及时组织全司党员干部认真学习保持共产党员先进性教育活动有关文件，并对保持共产党员先进性教育活动作出了具体安排。为了使

---

[*] 本文写于 2005 年 2 月 28 日，系作者在参加"保持共产党员先进性教育"第一阶段学习时所撰写的体会文章。

保持共产党员先进性教育活动落到实处，取得实效，司党支部提出要把保持共产党员先进性教育活动与提高政治素质、坚定理想和信念相结合，与廉洁自律、加强廉政建设相结合，与发挥司级干部的带头作用、提高领导能力与艺术相结合，与狠抓司风、党风建设相结合，与开拓性做好业务工作相结合。在这一阶段，我一方面参加中央重要文件的起草、主持开展司内业务工作；另一方面，认真参与和自觉进行各项学习活动，重点学习了《中共中央关于在全党开展以实践"三个代表"重要思想为主要内容的保持共产党员先进性教育活动的意见》、胡锦涛同志在新时期保持共产党员先进性专题报告会上和中央领导同志在中央保持共产党员先进性教育活动工作会议上的讲话，重温了《中国共产党章程》和毛泽东、邓小平、江泽民同志的许多重要论述。通过学习，加深了对保持共产党员先进性教育活动重要性的认识，增强了积极参加这项教育活动的自觉性。与此同时，对如何在改革工作的具体实践中切实发挥共产党员的先锋模范作用也有了一些新的体会。

完成艰巨和复杂的改革使命需要充分发挥共产党员的先锋模范作用

经过20多年的努力，我们初步建立起了社会主义市场经济体制，改革取得了举世瞩目的成就。但也要清醒地看到，我们离建立完善的社会主义市场经济的改革目标还有很大差距：国有经济战略性调整和国有企业规范的公司制改造任务还远未完成，非公有制经济发展仍面临着诸多体制性障碍；市场体系特别是要素市场发育还很不完备，维护诚实守信和公平竞争的市场规则与秩序尚未真正建立；政府"错位、越位、缺位"的现象仍很普遍，以经济调节为主体的宏观间接调控体系还需进一步完善；部分社会成员间收入差距悬殊，有效的社会保障体系和收入分配调节机制未能形成，等等。改革正处于攻坚的关键时期，任务仍十分艰巨。基于当前形势和未来发展的需要，应当把改革放在更重要、更突出的位置，积极谋划、大力推进各项改革。

改革进入新阶段，呈现出一些新特点。从改革内容来看，就经济体制本身说，相对容易的改革都已基本完成，现在面临的都是一些涉及面宽、触及利益层次深、配套性强、风险比较大的改革，都是这些

■ 2003年，作者率队在深圳华为公司调研

年由于多种原因想改而未改，改了未改好或未改到位的关键项目。改革到了真正啃"硬骨头"的时期。不仅如此，很多问题的解决，包括经济体制改革本身的深化，已与政治、文化、社会等方面的改革连在一块，这些方面的改革已无法回避，改革成为真正庞大的系统工程。从改革的动力看，一方面，改革初期，人心思变和良好预期形成的广大人民群众改革热情十分高昂，社会的动力与政府的牵引力紧密结合，带来了改革快速推进。随着改革不断深化，对各方面利益调整包括普通老百姓利益调整不断增强，由于改革的渐进性，也由于改革操作过程中出现的某些失误和不规范行为等，已形成的改革效益在分享上产生了不合理的差异，特别是普通老百姓的利益相对说增进不快不多，致使人民群众拥护改革、投身改革的热情受到抑制；另一方面，长期作为改革领导者、组织者和推动者的政府部门，在改革的深化过程中，本身成了改革对象。自己改自己，甚至是大幅度地剥夺自身拥有的权力和利益，对于某些部门来讲，毕竟是一件不容易的事情，其积极性必然受到影响。从改革方式来看，改革初期，由于时间和地域推进上的差别，改革探索的空间和政策应用的空间都很大，政府可以通过给优惠政策和赋予地区在整体或某些方面的探索权力来推进改革，政府的主导性很强。随着改革领域的广泛化和改革探索权普遍化，随着社会经济成分、组织形式、就业方式、利益关系和分配方式的日益多元化，由政府给优惠政策进行改革的空间已非常有限，政府通过行政手段主导改革的能力也受到了严重挑战。这种状况在这次宏观调控中就体现得特别明显。从改革的要求看，人们对改革效应的预期普遍提高，对改革成果分享的要求明显增强，改革的"目的性"日趋清晰和强烈。改革到了现阶段，已从以"破"为主，转变到"破""立"并重和寓

"破"于"立"之中，其建设性明显增强；已从主要是利益调整转向利益调整和利益增进并重，从利益倾斜转向利益兼顾，特别是要求使广大人民群众都能分享到改革与发展的成果。总体上看，改革的形势空前复杂。

目前推进改革十分紧迫。从现实看，为什么经济生活中许多矛盾和问题屡屡得不到解决，不时出现反弹？为什么一些地方的政府在发展经济的过程中，一味追求 GDP 的增长速度而忽视发展的质量和效率，往往重视形象工程而忽视为老百姓谋实利、办实事？为什么一些企业为了眼前利益弄虚作假，而不是制度创新、技术改造和信用建设？究其原因都在于相关体制未能理顺。从未来看，我们已进入了国民经济发展的一个关键时期，在这个关键时期，是实现经济的协调发展、高速运行，还是导致经济的大起大落、徘徊不前；是顺利地实现城市化、工业化，还是出现"城市病""工业病"；是为实现共同富裕打下良好的基础，还是造成了严重的贫富差距和两极分化；是形成了以自主技术、自主品牌和自主创新为支撑的可持续的发展能力和高水平的竞争力，还是在盲目引进和一味效仿中导致产业的空心化和技术的边沿化，从而丧失自我发展能力和国际竞争力，关键都取决于是否有一个良好的体制和机制。总之，消除经济生活中的深层矛盾和问题，巩固和发展宏观调控的成果的根本手段是改革；转变经济增长方式，优化经济结构的根本保障是改革；落实科学发展观，构建和谐社会，促进经济协调发展和社会全面进步的根本途径还是改革。

面对艰巨而复杂、富于挑战又充满风险的改革任务，必须充分发挥党员的先锋模范作用。改革工作是靠人来完成的，而一批思想解放、正直磊落、业务精良、大公无私的人是改革的中坚力量，共产党员就应该具有这样的素质，也应该成为改革的中流砥柱。

在改革过程中切实发挥共产党员的先锋模范作用

党的先进性要通过党员的先锋模范作用来体现。作为在改革战线上工作的共产党员，我以为其先锋模范作用应该是：顺应先进生产力的发展要求、代表先进文化的前进方向、体现最广大人民的根本利益，思考改革方略、制定改革措施；做改革的弄潮儿，敢为天下先，以大无畏的精神拼搏在改革的第一线；勇谋并举，不断提高自己的素质，敢于创新、善于改革。

第一，始终以向历史、向社会、向人民负责的精神谋划改革。改革是为了促进生产力的发展、推动社会进步、不断造福于广大人民群众。因而，是否有利于生产力水平的提高、是否有利于综合国力的增强、是否有利于人民生活水平的改善是衡量改革措施是否得当、改革方向是否正确的根本标准。这就要求我们在推进改革的过程中始终具有向历史、向社会、向人民负责的精神，做到不为私利所诱、不为表象所惑、不为权势所压、不为杂音所扰。

不为私利所诱，就是要始终把国家的利益、人民的利益作为谋划改革的基点。无论是制定整体改革的方案，还是提出某一领域的具体改革措施都要出以公心，尤其是当改革触及自身直接利益的时候，要敢于作出牺牲、敢于放弃所得。

不为表象所惑，就是要始终坚持市场经济的改革方向不动摇。建立社会主义市场经济体制是前无古人的事情，十分艰难，异常复杂，既不可一蹴而就也不会一帆风顺，关键在于身经曲折而不迷失方向，处理乱象始终紧扣本质。这就要求我们正确处理好眼前利益和长远利益的关系，把握好阶段目标和最终目标的关系。为了改革的有效推进，必须一定程度地兼顾既得利益，但是兼顾的目的是为了最终理顺利益关系；考虑到改革的条件和社会承受能力，需要推出一些过渡性的措施，但过渡性的措施不能违背改革的方向，不能为下一阶段的改革制造障碍。

不为权势所压，就是要不唯书、不唯上、只唯实。改革是一场革命，这场革命就是要打破旧有的不合理的权力和利益关系格局，而这场革命的难度也在于向旧有的权力阶层挑战、向旧有的利益开刀。要使改革沿着正确的方向前进，改革者就必须顶住压力，以大无畏的精神立言行事，尊重客观规律的要求，不断开拓进取。

不为杂音所扰，就是要善于处理复杂的事务，既广泛听取各方面的意见，不我行我素，又能够在众说纷纭中坚持真理，明辨是非；既与时俱进，不断改善工作中的缺点和错误，又立场坚定，始终坚持正确的路线、方针和政策。

第二，始终站在时代的前列投身改革。改革面临的大都是未知的领域，风险很大，改革者要身先士卒，敢于吃第一只螃蟹，敢于走第一步。在具体的工作中，要求我们率先突破思想束缚，提出改革的理论，制定改革的战略和策略；改革着眼的都是权利关系调整，难度很高，改革者要知难而进、敢于攻碉堡，敢于站在风口浪尖上。在具体的工作中，要求我们抓住影响全局的关键性改革不松手，努力不断实现新突破。改革是革命和自我革命的有机结合，在增进社会利益的同时也会触及改革者自身的利益，这不仅要求改革者以"先天下之忧而忧、后天下之乐而乐"的精神对待利益的增进，更要求改革者以"我不下地狱谁下地狱"的风貌对待利益的调整。在具体的工作中，要求我们从大局出发，研究制定和推动实施各项具体的改革政策措施。

第三，始终以科学的操作方式推进改革。改革越是向纵深发展，就越要求操作方式科学有效。这就要求改革者立足整体，审时度势，把握时机，完善方式，切实提高改革措施的针对性和有效性。善于把握社会主义市场经济的本质，自觉探索与及时完善工作方法，也是共产党员发挥先锋模范作用的重要内容。体现共产党员的先进性，始终以科学的方式推进改革，要求切实把握以下几点：一是坚持尊重群众的首创精神，鼓励各地区、各方面按照完善社会主义市场经济体制的总体要求，从实际出发自主探索、不断创新，扎扎实实地推动各项改革。二是要坚持尊重客观规律要求，正确处理好关系经济体制改革全局的一些重大问题，特别是坚持公有制为主体和促进非公有制经济发展问题，鼓励先富和消除两极分化、促进共同富裕问题，充分发挥市场在资源配置中的基础性作用和有效实施国家宏观调控问题等，这些重大问题处理好了，改革的目标和效果也就达到了。三是坚持实事求是的原则，根据社会主义市场经济的内在要求和改革过程中出现的新情况、新问题，务实、灵活地推进改革，有效把握好改革措施出台的时机、力度和节奏，提高改革效益，减少改革风险。四是坚持统筹兼顾、综合配套，切实解决改革过程中存在的单兵突进、各自为战以及由此造成的改革措施不规范、效应不明显等问题，协调好改革进程中的各种利益关系，使各项改革有机衔接、相互促进。

在当前推进改革的过程中，要努力做到虚实结合，即既要制定整体改革思路，又要针对某一个领域、某一个地区的改革提出实施方案和操作措施；点面结合，即既要配套推进整体改革，又要选择关键环节通过试点实现突破；上下结合，既要实施统一的指导，又要鼓励地方从实际出发大胆创新。通过这些结合，既保障改革的正确方向，又使各项改革措施真正落到实处。

要做到上述各个方面，从而科学有效地推进改革，一方面要求改革者具备良好的思想素质。即要有淡泊名利、无私奉献的大气，有敢于拼搏、迎难而上的勇气。没有私利，才可能站在公正立场上设计出改革方案；不图当前名利，才可能干出彪炳千秋、经得起历史检验的大事；不畏艰险，才可以做到威武不能屈、富贵不能淫、贫贱不能移，始终忠诚于人民，不断开拓创新，最终到达改革的光辉顶点。另一方面还要求改革工作者拥有精深的业务工作能力。经济体制改革涉及面宽，要求改革工作者广泛涉猎各种知识，不仅要学习经济学知识，还要学习法律、历史、政治和现代科技知识；不仅要向理论学习，还要向实践学习；不仅要深刻了解中国国情，还要熟知国际经济惯例和国外的成功经验。通过学习真正掌握社会主义市场经济的基本特点和运行规则，提高业务水平。只有这样，我们才能在复杂的环境中明辨前进的方向，面对各种困难和风险应对自如，无往而不胜。

知荣辱 修品行[*]

2006年3月4日，胡锦涛总书记在看望出席全国政协十届四次会议的委员时，就树立社会主义荣辱观发表了重要讲话，强调要引导广大干部群众特别是青少年树立社会主义荣辱观。两个多月来，全国上下都在学习和实践社会主义荣辱观。从我司实际出发，应当把社会主义荣辱观作为我们做人的基本准则，并以此为基点，进一步强化我司的良好风气，筑就体改司优秀文化，为指导和推进经济体制改革提供强大推力。

---

[*] 本文系作者于2006年4月6日在国家发展和改革委员会经济体制综合改革司党员干部大会上的讲话。

一

深刻认识提出和树立社会主义荣辱观的重大意义

胡锦涛总书记在保持共产党员先进性教育活动告一段落时,根据新形势、新任务的要求,提出了"以热爱祖国为荣,以危害祖国为耻;以服务人民为荣,以背离人民为耻;以崇尚科学为荣,以愚昧无知为耻;以辛勤劳动为荣,以好逸恶劳为耻;以团结互助为荣,以损人利己为耻;以诚实守信为荣,以见利忘义为耻;以遵纪守法为荣,以违

2010年,作者率队在四川省做经济工作调研

法乱纪为耻；以艰苦奋斗为荣，以骄奢淫逸为耻"的社会主义荣辱观，站在全局和时代的高度，深刻论述了在全面建设小康社会、加快推进社会主义现代化进程中，提高全民族素质、培育大批优秀人才、树立良好社会风气的极端重要性，继承和发展了我们党关于社会主义道德建设的思想，明确提出了新形势下发展社会主义先进文化的基本任务，体现了我们一以贯之、始终坚持的爱国主义、集体主义、社会主义思想，体现了中华民族传统美德与时代要求，体现了社会主义世界观、人生观、价值观，是新形势下进一步加强我国社会主义思想道德建设的重要指导方针。

认真学习贯彻胡锦涛总书记的重要讲话，大力倡导和树立以"八荣八耻"为主要内容的社会主义荣辱观，对于坚持邓小平理论和"三个代表"重要思想，贯彻落实科学发展观，加强社会主义精神文明建设，构建社会主义和谐社会，全面建设小康社会，实现中华民族的伟大复兴，都有重大而深远的意义。全司同志要从巩固保持共产党员先进性教育成果、做好改革攻坚工作的高度，深刻认识树立社会主义荣辱观的重要意义，深入学习、全面领会、认真实践社会主义荣辱观的内涵和要求，努力做社会主义荣辱观的模范实践者和积极推动者。

我司司风与社会主义荣辱观是一脉相承的

我司自2003年组建以来，一直致力于加强司风建设。一是要求全司同志按照委党组和马凯主任的要求，切实转变观念、转变职能、转变作风，努力做到"民为本、国为重，人求进、事求实，懂大局、讲团结，淡名利、守清廉"。二是形成了具有我司鲜明特点的"忠诚于党、俯首于民、精勤于业、躬耕于事、诚挚于人、磊落于世"的六条准则，并要求同志们恪守。三是倡导全司同志永葆"五气"，也就是始终保持与时俱进、敢于创新的锐气；牢固树立不畏艰难、敢于碰硬的正气；努力塑造善于改革、务实操作的灵气；不断增强自我革命、自我提高的勇气；切实弘扬淡泊名利、无私奉献的大气。

除了这些比较系统的部署外，司领导还在多个场合，包括全司党员大会和全司干部大会、政治和业务学习活动、保持共产党员先进性教育活动等，对提高干部素质、加强作风建设提出要求，如2005年10月21日，要求同志们增强"五种意识"，也就是责任意识、奉献意识、集体意识、钻研意识、组织意识。

应该讲，上述要求，都是针对我们作为共产党员，作为国家公务员，作为公民，围绕着应该提倡什么、坚持什么、实践什么，应该反对什么、抵制什么、摈弃什么而提出的。这些都是与"八荣八耻"一脉相承的。拿我司"二十四个字"的司风六则来讲，就是如此：

一是忠诚于党。就是要坚定政治立场，在大是大非问题上与党中央保持高度一致，自觉实践"三个代表"，认真贯彻执行党的基本路线和各项方针政策。忠诚于党，是执行党的路线、方针和政策的前提；不忠诚于党，难以真正树立社会主义荣辱观。

二是俯首于民。就是要牢记党的宗旨，全心全意为人民服务，心为民想、情为民系、权为民用、利为民谋、责为民负，并带着这个思想观念、这种情感意识去做好每一项改革工作。要强化公仆意识，关心同志，服务大家。这一点，与"以服务人民为荣，以背离人民为耻"

是一致的。

三是精勤于业。就是要努力学习，认真钻研。学习马列主义、毛泽东思想、邓小平理论和"三个代表"重要思想，提高理论与政策水平；学习各种现代知识，提高分析问题、解决问题的能力。与时俱进，常学常新。这一点，与"以崇尚科学为荣，以愚昧无知为耻"是一致的。

四是躬耕于事。就是要向人民负责，向组织负责，向历史负责，兢兢业业地做好每一件改革工作；勤于思考，勇于创新，创造性地开拓改革工作新局面；有交办有落实，有布置有检查，重要的事项要亲历亲为，要求别人做到的，领导者要首先做到。这一点，与"以辛勤劳动为荣，以好逸恶劳为耻"及"以艰苦奋斗为荣，以骄奢淫逸为耻"是一致的。

五是诚挚于人。要维护集体利益，加强沟通配合，诚恳待人，宽厚行事，敢于当面批评，乐于背后助人。讲团结，顾大局，不说假话、瞎话；不跟同志斤斤计较，不与组织讨价还价。这一点，与"以团结互助为荣，以损人利己为耻"及是一致的。

六是磊落于世。要树立正确的权力观、人生观和事业观，牢记"两个务必"，遵纪守法，廉洁自律。经得住考验，抵得住诱惑；待遇同下比，要求往上攀。勇于负责，不卖乖讨巧；敢于碰硬，不"趋利避险"；光明磊落，不左右逢源；踏实正直，不沽名钓誉。这一点，与"以诚实守信为荣，以见利忘义为耻"是一致的。

正是因为上述要求的提出和落实，才使经济体制综合改革司（以下简称体改司）组建三年多来，逐步发展成为一个坚强的战斗堡垒，成为国家发展和改革委员会的一个重要司局。大家知道，体改司原来以国务院经济体制改革办公室的人员为主，经济体制改革办公室每个司都有同志加入体改司，各种风格的人都有。到今天，大家团结一心、齐心协力，攻克了很多难关，完成了很多重要任务，体现了很强的战斗力，主流是好的，整个司风是好的。比如前一阶段成功召开了全国经济体制改革工作会议，为了做好筹备工作，有的同志加班加点，十多天不回家，体现了很强的攻坚和奉献精神。不仅改革工作会议，像中国改革高层论坛、"十一五"改革规划研究等，很多重要任务完成得都很好。平时，大家相互之间比较活跃，关键的时候都能够做到说干啥就干啥，能够拉得出来打硬仗，充分说明我司司风建设的成果。

以社会主义荣辱观为指导筑就我司优秀文化

一个人、一个集体、一个民族、一个国家，都不能混淆是非、善恶、美丑的界限，都要有强烈的荣辱观。否则，个人成功不起来，社会和谐不起来，经济发展不起来，民族精神振作不起来，国家也强盛不起来。从根本上说，社会主义荣辱观是一种先进文化。如何把这种先进文化与我司的实际相结合、与我司形成的司风相结合，从而筑就我司优秀文化，大家应当作为一个大事来思考，不断总结、提炼与完善。这里我提出一个总体性的框架，供大家思考时参考。

第一，强化自律。中国有句古话，叫做"听其言、观其行"。强化自律，首先要在言上自律。一是对领导、对同事，对部门、对地方，哪些话该说，哪些话不该说，要有尺度。二是多在人前交知心话，在背后说好话，尤其是到关键时刻，不要在背后说别人的坏话，尤其是无根据的话。行动胜于语言。强化自律，也要在行上自律。一要甘于奉献。全司同志一定要树立远大的理想和正确的人生观、世界观，解决为什么活着和怎样做人的问题，不断提高马克思主义理论素养和辨别大是大非的能力，增强贯彻落实中央各项方针政策的自觉性和坚定性，自觉与中央保持高度一致。要处理好公与私的关系，按照公私分明、先公后私进而到公而忘私、大公无私的境界要求自己。二要善于学习。要奉献就要有本领，要掌握本领，就要勤于学习、善于学习，既注重学习中央的方针政策，学习经济、法律、哲学等各种专业知识，也要坚持在实践中学习，抓住经济社会生活中的重点、难点、热点问题进行研究，真正把问题研究深、研究透，不断提高分析问题和解决问题的能力。特别是作为一名改革工作者，既要把握改革的面，也就是整个改革的脉络，也要精通改革的点，也就是各项改革尤其是关键性改革的思路。三要遵守规则。大到党纪国法，小到司内规章，我们都要以此为标准对照检查自身还存在哪些不足，有则改之、无则加勉，不断把思想境界和工作作风提高到新的水平。

第二，强化责任。我们担负的工作是党交给我们的责任，大家能在这个岗位上工作，是党对大家的信任。无论是司级领导干部，还是新进来的公务员，大家都是在自身岗位上为党和国家的事业而劳动，组织上对每一个岗位也都有着严格的要求，因此，大家都要强化责任意识。一要做到权力与责任对等。改革工作者没有行政审批那样直接的公共权力，但是，我们设计、制定和实施任何一项改革举措，都与市场和企业、公众和社会的利益休戚相关，稍有偏差，就会影响全局，甚至酿成大祸，大家都要意识到自己肩头责任重大。二要增强工作的主动性。责任心强不强，关键要用工作来检验。不能什么事情都要让领导来布置，什么事情都要让领导来催，而是要变"让我干"为"我要干"；即使布置了，也有个主观能动性和创造性的问题。学习也是如此，要发扬"挤"和"钻"的精神，主动学习。三要提高工作的质量。干工作，标准要高，不干则已，干就要干成功，干出精品来。几年来，我们司无论是组织全国经济体制改革工作会议，还是提出并推进综合配套改革试点，还是起草、发布年度改革意见等，都下了很大功夫，也取得了很大的成功。各项工作，有明确时间、质量要求的，要严格按领导要求办；领导没有明确要求的，也要自加压力，按照高标准要求自己，绝不能拖拖拉拉、敷衍了事。

第三，强化修养。强化修养，最重要的是树立五个意识。

一是服务意识。处理个人和集体、人与人之间的关系时，要多想想你为委里、为司里做了什么，不要总想着组织上、别人为你做了什么。要多为集体着想、多为别人着想，换位思考，多站在集体和别人的角度上看问题，多琢磨自己做了什么、还有哪些没有做、哪些做错了。有了这个心态，你就会发现自己做得还是很不够的，你干工作就会有使不完的劲，你就能够打硬仗。

二是宽容意识。要严以律己、宽以待人。对自己，要求要严，每日三省吾身。对别人，要宽容大度、仁慈博爱。不要看自己都是优点，看别人都是缺点，而要以别人的优点来对照自己的缺点找差距，相互取长补短。特别是对待职务晋升问题，心态要稳，一看别人提拔，就觉得该同志这也不行、那也不行，这也不如我、那也不如我，这种意识要不得。

三是知足意识。知足者长乐。我们对待学问、对待工作当然不能满足于低水平。但是,在对待个人名利得失的时候,应当做到知足。世界上没有绝对公平的事情。不知足,只能自寻烦恼。大家都要有稳定的心态,不要跟组织、跟自己较劲,否则,最终耽误的还是自己。

四是感恩意识。比较自己的所得与付出、权利和义务,对自己已经得到的要心存感激。扪心自问,我们自己为党和国家事业的贡献实际上并不多,但组织上给予我们的已经不少了。我们不能对自己没有得到的总是耿耿于怀、自怨自艾,而是要有一颗感恩的心,感谢党、感谢人民、感谢父母、感谢社会、感谢领导、感谢同事、感谢生命,始终乐观、积极地对待人生。

五是吃亏是福意识。共产党员、国家公务员就要吃苦在前、享受在后。你平时多干一点,不要总想着让大家看见、看不见。革命事业是实实在在的,不是做给别人看的,不是搞投机的。确实你是辛苦了,但锻炼、提高的最终还是自己。别人干的少,本事也就学的少。你学会了本事,别人想拿也拿不走。学会了本事,才能胜任更重要的工作。事实上,你多干一点,大家也看在眼里,记在心里。真正到了提拔的时候,组织上也会客观公正地对待你。

总之,树立和落实社会主义荣辱观,重在实际行动,重在持之以恒,重在形成机制。希望大家相互学习、相互提醒、相互帮助,共同提高。我们要把实践社会主义荣辱观与日常工作生活结合起来,从我做起、从现在做起、从身边事情做起、从一点一滴做起,在实践中逐步积累、在常抓不懈中扎实推进,并将之转化为推进改革攻坚的强大精神力量。

在改革事业中历练与锻造[*]

1987年我博士研究生毕业后进入负责推进全国经济体制改革的国务院部门工作。这虽是偶然所致,但却使我有机会站在历史发展的制高点上观察了解甚至从某种特殊角度影响经济社会发展和体制变革的进程,有条件获得人生和才干的特殊历练。十几年的工作经历给了我许多特别的体验,也给了我许多特别的感悟。

求大实惠,牢记责任,以利国成利己

改革工作十分艰难,它不仅要求从业者具备

---

[*] 本文系作者于2006年6月13日在中共中央党校第22期中青班学习时的"从政经验交流"发言稿。

超高的理论政策水平和丰富的实践知识，而且要求从业者有敢冒风险、不怕牺牲、敢于开拓、百折不挠的勇气和毅力。搞改革不仅得罪人，而且得不到什么实惠，与其他部门相比，改革机构是真正

2006年，作者在中共中央党校中青班（第22期）作从政经验交流

的"清水衙门"。有关部门曾对国家机关收入水平进行摸底排队，我所在的部门排在了最后一位。一般人都愿意选择比较实惠、管人管钱管项目的部门去工作。很多人劝我说，以你的名气与才华，完全可以去别的单位赚大钱，何苦做这种出力不讨好的工作呢？我想，我能舍弃利益不惧辛苦而致力于改革事业，既是源于一种责任：这些有利于社会发展和民族振兴的大事，社会上总得有一批人来做；也是源于一种"私心"：在工作实践中我深切地体会到，没有国家也就没有自己，只有在追求和实现国家与人民利益的过程中，才能最大限度地实现自己的利益；只有把自己的利益与国家的利益融为一体，才能求得身心最大愉悦。这是一种最大的实惠，说到底，真正的实惠不是金钱，也不是特权，而是一种幸福与成就感。

这样的经历有很多，推进综合配套改革试点就是一例。我国改革进入攻坚阶段，复杂性、艰苦性、系统性和风险性显著增强。在新形

势下如何推进改革工作？作为改革职能机构，我们理所当然要拿出思路，而作为负责人，我必须率先思考，科学谋划。我们认识到，在改革的新阶段，不仅经济体制各环节间的联系更加紧密，而且经济体制改革的深化也直接地受到了政治、文化、社会等体制的影响与制约；与此同时，社会主义市场经济体制建设已从分项推进的"零件制造"转向了全面配套完善的"总体组装"时期，时间紧迫，亟需探索经验，以为整体推行提供样板。基于这些认识，我们提出了选择若干有条件的地方开展综合配套改革试点的思路，并获得了国家发展和改革委员会党组的高度重视与大力支持。根据这一设想，我们一方面研究设计新时期综合配套改革的具体操作路径，另一方面积极做好相关协调疏通工作，终于取得了圆满的结果。2005年6月21日和2006年4月26日，国务院召开常务会议，研究批准上海浦东新区和天津滨海新区开展综合配套改革试点，要求试点地区把改革与发展、解决本地实际问题与攻克面上共性难题、实现重点突破和整体创新、推进经济体制改革和推进其他方面改革有机结合起来，有效发挥示范作用。党中央、国务院的决定在全国引起了强烈的反响，被认为是新时期深化改革扩大开放的重大战略举措，是完善社会主义市场经济体制的重要途径。许多省市纷纷与我们沟通联系，主动要求进行综合配套改革试点，为改革攻坚和完善新体制起试验和示范作用。

　　投身改革事业近20年，我参与了如《中共中央关于完善社会主义市场经济体制若干问题的决定》《中共中央关于加强党的执政能力建设的决定》《中共中央关于制定国民经济和社会发展第十一个五年规划的建议》《中华人民共和国国民经济和社会发展第十一个五年规划纲要》《国家中长期科学和技术发展规划纲要》《国务院关于深化经济体制改革的意见》《政府工作报告》等党中央、国务院一系列重大文件的起草，主持了《建设社会主义市场经济体制总体设想》《"十一五"经济体制改革思路》《关于北京大学、清华大学规范校办企业管理体制的指导意见》《水利工程管理体制改革实施意见》《关于深化转制科研机构产权改革的若干意见》等众多重要综合性改革规划和专项改革方案的研究制定，研究提出了《建立社会主义市场基本原则与目标》《社会主义市场经济的基本内涵和主要特征》《关于政企分开的改革建议》《关于进一步推进政府职能转变的建议》《加入WTO后保障我国经济安全的政策建议》《从制度上建立防止腐败机制的基本思路》《深一步深化政府行政体制改革》《中国事业单位体制改革基本思路》等重大发展与改革课题的研究，主持组织了中国改革高层论坛、中国行政体制改革国际研讨会等重要研讨会，主持了一系列综合性和专项性改革试点工作。正是在这些研究和实践活动中，我亲历那些永载史册的伟大历史时刻，亲眼目睹了那些影响国家前途命运的重大决策的产生，直接见证了那些彪炳千秋的重大理论的形成；正是在这些研究和实践活动中，我获得了许多一般人难以得到的机会，得到了许多一般人难以获得的历练；也正是在这些研究和实践活动中，我的思想境界得以扩展，理论底蕴得以夯实，立身于社会的本领不断得到了提升。

诚然，从事改革工作相当辛苦。除了无意的误解，有意地阻碍带来的重重压力与困难外，还有的是过度负重造成的身心的疲惫。特别是近5年，我往往是一身多职，如"救火队"一般，常常是手头的事还没有忙完，又急匆匆地去办另外的事，基本上没有休息过节假日，大部分日子都在加班，晚上10点前很少能回家。但是，来自上级的一句肯定，来自老百姓的一声赞扬，所有的辛苦顿时都烟消云散。看到历经艰辛后形成一份份改革文件与方案，想到国家经济社会发展的进步和成就中有自己的一份贡献，劳累的身心也顿时充满无穷无尽的力量。我想，不同于一般的经历才是最有价值的财富，而把自身才智体现在社会发展的进程中，才能获最大的快乐。

谋大智慧，把握规律，以不变应万变

改革工作举足轻重，大则关系到国家前途和民族命运，小则涉及众多人的利益，影响到一部分社会成员的生活质量，方向偏不得、路径错不得。但改革所面对的领域非常宽泛，有宏观也有微观，有经济也有非经济，有体制机制也有观念素质。改革所触及的利益关系异常复杂，稍有不慎就会酿制风险，造成混乱。为了抓住机遇，有些改革还有很强的时效性。这种状况对改革工作者提出了严峻的挑战。我们如何应对复杂多变且层出不穷的改革难题，对每一项改革都提出科学合理而又具有可操作性的思路与对策？高度的责任心是必要的，渊博的学识也是必要的，但根本的还是形成观察、分析和解决问题的正确方式方法。在工作实践中，我们逐渐摸索到了这种方式方法。

追根溯源，改革中面对的所有难题其实都发端于一个根本性难题：如何在社会主义条件下建立起市场经济体制？在社会主义条件下发展市场经济是前无古人的尝试，这自然是前所未有的难题。但这一难题本身实际上已包含了破解的思路：走市场经济道路必须体现市场经济的本质要求和基本特征，否则就谈不上所谓市场经济；但是，这种市场经济又不完全等同于一般的市场经济，必须体现特定国情，这包括国家基本经济、政治制度与文化特点等的要求。因此，所谓解决问题的正确方式方法，实际上就是在制定所有改革方案时确立这样两个基点：其一，坚持正确方向，在改革内容总体设计上始终体现市场性；其二，坚持从实际出发，在改革步骤具体安排上体现过渡性。坚持这样两个基本点，使我在实际过程中在解决各种复杂情况和问题时能做到胸有成竹和得心应手。这在我主持研究制定的水利工程管理体制改革、规范高校校企关系等方案中体现得比较充分。

水利是国民经济和社会发展的重要基础设施。根据领导同志指示，自 2001 年 9 月起，我受命组织有关部门进行水利工程管理体制改革方案研究。水利工程管理体制中存在的职能不清、权责不明、机制不活、效率不高等问题长期以来一直没有得到有效解决，严重影响水利工程的安全运行，对国民经济稳定增长和人民生命财产安全带来了极大的隐患。但这一改革涉及数十万人的直接利益，如何改革关系重大。市场化管理是国际上水利工程管理的一般做法，但我们没有简单套用国际上的做法，而是从我国水利行业整体上看既有公益性又具经营性、水利工程类型差别较大等实际出发，提出了建立符合国情、水情，体现社会主义市场经济本质要求，有利于水资源可持续利用的水利工程管理体制和运行机制的目标。在改革思路上，根据不同水利工程的特点，把承担管理养护任务的水管单位分为纯公益性、准公益性和经营性三类。根据这种分类，分别提出了不同的改革要求，同时提出了深化水管单位内部体制改革、实行管养分离等配套改革措施。这一改革方案既体现了市场经济的要求，又充分考虑照顾了水管单位的具体实际，受到了各个方面的一致赞同。经国务院颁发实施后取得了良好的效果。

改革开放以后，高校陆续兴办了一批各种类型的企业。高校办企业对推进科技创新、实现教学与科研相结合以及弥补学校办学经费不足等方面发挥了积极的作用，但也产生了无偿占用学校资产、学校承担经营风险、职教人员身份混淆、利益分配不公等问题。国务院领导同志要求对规范校企关系提出科学的指导意见。高校领导者们对是否继续兴办企业的意见截然对立：反对者认为办企业与国际上通行的做法相违背，应该坚决取消或分离；赞成者则认为校办企业是中国独特而富有价值的探索，应该大力兴办与发展。我在接受主持制订改革方案的任务后，没有简单地提出肯定与否定的意见。我们以具有代表性的北京大学、清华大学为基地深入进行调研，广泛听取各方面意见，形成了基本的认识：我国高校办企业有其特殊的背景，其积极意义是明显的，其存在的不足是可以通过体制创新来克服的。基于这一认识，我们形成了规范校企关系的改革思路，即组建国有资产经营公司，代表学校持有、管理和处置资产权益，相应推进企业内部体制创新、合理转换员工身份、规范企业用名等改革。这既在学校和企业之间形成了"隔火墙"，从而规范资产性质转换、人员身份变更以及经营风险转嫁等关系，又保障了企业充分的自主经营权利。改革方案较好地体现了市场经济的本质要求和我国高校具体实际的统一，具有很强的操作性，受到了领导同志的充分肯定和各个方面的普遍赞同，在北京大学、清华大学成功试点的基础上很快扩展到全国高校。

总之，我在工作实践中感受到，在复杂多变的改革难题面前，需要有大智慧，需要谋大智慧，而这种大智慧就在于把握规律性，在于把一般规定与特殊要求有机结合起来，并变成具体的可操作的方案。

而如果做到了这一点，就能够在两难中开辟道路，在理想与现实中找到结合点，在承认既有利益格局中实现利益关系的调整与规范。

下大功夫，着力开拓，以进攻获进取

改革触及的是权力和利益关系的调整，是制度、体制和机制的创新，如果不下大功夫、用大力气，是不可能将之不断推向前进的。这很有点像战场上的攻城略地，如果不主动地进攻，是难以拓展地盘、扩大战果的。因此，作为一个热爱改革事业、已把自己的荣辱置之度外且担负着一定领导责任的改革工作者，我始终保持着昂扬的斗志，力求和同事们一道，用富有成效的劳动与科学灵活的方式不断拓展改革的领域，用积极主动而又百折不挠的进攻去换取改革事业的发展与进步。

改革初期，改革的领域空前广阔，改革工作者有纵横驰骋的舞台。随着改革向深层推进，改革领域的拓展越来越难，并且改革的很多具体任务也大多由各相关部门承担，这种情形对专门从事改革工作的人们来说的确是一个严峻的挑战。但这并不意味着改革工作者已无用武之地，并不意味着改革没有继续向前推进的空间。实践中我们体会到，在改革攻坚阶段，所谓拓展改革领域，不仅是指从事那些尚未进行的新的改革事项，更是指把已经展开的改革事项推向深入，在关键方面取得实质性进展。事实上，在改革20多年后，那些尚未触及的改革事项，大多也是十分艰难的。因此，在新时期新形势下，拓展改革领域就是攻坚克难，而在这个方面，无论是从所处的位置看还是从所积累的经验看，直接从事改革工作的机构和人们都有不可替代的优势。基于这种考虑，我和同事们在具体操作中，把拓展改革领域的重点放到了如下几个方面：第一，着眼于那些相关部门不愿改、不敢改的事项做文章，如我们积极推进了中小学教材出版发行招投标和烟草、盐业等特殊行业引进竞争机制的改革，推进了公务用车市场化改革等；第二，着眼于那些囿于职能容易被部门忽视的"结合部"事项做文章，如我们积极进行了事业单位体制、行业协会管理体制等改革思路研究与相关试点工作；第三，着眼于那些单个部门改不了的配套性较强的事项做文章，如我们积极推进政府行政管理体制改革，组织开展综合配套改革试点等。与此同时，我们积极履行国家赋予的总体指导和统筹协调的职能，大力推动各有关部门克服利益牵制、加快推进相关改革。在这方面，我们每年都制定改革指导意见或工作要点，部署各项改革，同时召开改革工作会议、改革高层论坛等着力引导和推进，还建立了协调推进改革的工作机制。经过各个方面共同努力，很快形成了改革的点和线以及面全方位推进的新格局。

我们着力开拓的另一个方面，是力求把改革工作做实。改革着眼的事项，往往不像项目、投资、贷款那样显形、直观或直接，容易被看成是虚的东西。改革是一个复杂的系统工程，既涉及各个具体的改革领域，又涉及相关理论的创新、观念的转变、思路的提出和方案的制定，如果不采取有效措施，也的确容易做虚，致使改革流于形式，变成空洞的口号。因此，在推进改革的过程中，我们不仅注重提出改革的思路和方案，而且注重明晰改革的责任主体、目标要求和完成时限，同时加强跟踪督促和检查评估。如2005年，我们不仅制订并经国务院审定发布了《关于 2005 年深化经济体制改革的意见》，而且通过相关会议和调研活动，促进了该意见的落实。还在实地跟踪检查的基础上，于年中年末分别向国务院提出了贯彻落实该意见情况的报告，受到了国务院领导同志的高度重视。国务院三次召开常务会议研究部署和检查督促改革工作。使 2005 年成了名副其实的"改革年"或"改革攻坚年"。

作为改革工作者，改革是冒风险的事情，很多人不愿干，但我们也深知，改革是一项高水平的工作，并不是所有人都能干得了、干得好的。开拓进取并非易事，非"下大功夫"不可，而能否"下大功夫"，取决于是否具备优良的政治思想品质和精湛的业务素质。换句话说，这需要忠诚、责任、信念和能力的统一。作为改革职能机构负责人，我常常要求我们的同志把这些元素融入每一个改革事项之中，即带着责任感去研究谋划，带着危机感去组织推动，带着荣誉感去操作实践，带着优越感去督促协调，带着负疚感去总结反思。我也常常告诫我自己，要站在向历史、向人民、向未来负责的立场上为改革立言行事，不为利益所诱，不为杂音所扰，不为假象所惑，不为权势所压。要始终保持与时俱进、敢于创新的锐气，切实弘扬淡泊名利、无私奉献的大气，用无限的劳动去获得有限的收获，以一桶水的积淀去实现一杯水的充盈。

四

塑大胸怀，善于调整，以宽厚求宽松

10多年从事改革工作的经历，还使我获得了一个重要的体会，这就是改革工作者应当具有宽广的胸怀和大局思维。这不仅是说，改革工作者要正确对待利益得失，要有先天下之忧而忧、后天下之乐而乐的精神境界；也就是说，改革工作者要以宽广的胸怀思考改革问题、寻求良好的改革方式，为了进取要敢于退却，为了收获要敢于放弃；这还是说，改革工作者要以宽广的胸怀对己对人，学会宽容，善用宽厚，广泛地调动各个方面积极性，为自己、为别人、为改革工作创造一个宽松的环境。而对于推进新时期的改革来说，后两个方面特别重要。

改革的本质是与旧的权力和利益关系搏斗，所以矛盾最终是回避不了的。但有时，硬碰硬地解决矛盾不仅达不到应有的效果，还会带来新的矛盾，引起社会震荡。尤其是改革进入攻坚阶段，利益关系十分复杂，调整利益关系所产生的反应异常激烈，如果调整方式不当，极易产生严重后果。在实践中，我们认识到改革并不都是针锋相对、无情相搏的，改革是可以有情操作的。而所谓有情操作，就是把利益调整与利益增进有机结合起来，使适当的利益增进成为大幅度利益调整的基础和条件，从而达到推进改革的目标。因此，在实际操作中，我们根据改革对象的具体特点和相关配套条件，注重适当照顾已有的利益基础，旁敲侧击，因势利导地推出一些实质性调整利益关系的措施。我们进行中小学教材出版发行招投标体制改革时就充分考虑了这一点。中小学教材的发行,长期以来由新华书店独家垄断,由于缺乏竞争,形成发行价格高昂、服务效率低下等诸多弊端,因此,改革的重要任务是破除垄断、引入竞争。于是,我们打破所有制和行业的界限,允许非新华书店单位如邮政部门和非公有制单位参与中小学教材的发行。但考虑到新华书店人员多、包袱重、中小学教材发行业务占据总发行业务的主体等实际困难以及多年来形成了较为完善的发行渠道等优势,在改革方案的具体设计时采取了局部试点、分包竞争、适当给予优先权利等政策。一方面迫使新华书店的转变观念、创新制度;另一方面又合理兼顾了它们的利益要求。正因为如此,改革得到了包括新华书店在内的各个方面的支持和配合,试点结果实现了发行价格大幅度降低和相关服务质量的显著提升。在改革实践中,所谓秉持宽广的胸怀实际上就是解放思想,而建立在这个基础上的改革方式的创新,使我们成功解决了一些棘手的难题,从而确保了改革在困难的环境下不断地向前推进。

  具有宽广的胸怀是一种优良素质,而用宽广的胸怀去接人待物,对于一个领导干部来说,则是一种高超的领导艺术和高水平的行政能力。宽广的胸怀对自己是严格约束,对别人则是宽厚善待,而这对于忍辱负重又需要不断进取的改革工作者来说显得特别重要。作为改革职能机构的一个负责人,我力图用以身作则、坦诚相见和乐善好施,去赢得尊严和信任,从而赢得宽松的改革环境、改革工作者的齐心协力和改革工作的不断进取。着眼于培养自己的宽广胸怀,着眼于圆满履行应尽的职责,着眼于做一个对社会进步有用的人,我常常促使自己用三种思维思考:对改革工作,用比较思维思考,向高标准看齐,做到不断进取;对不公正待遇,用逆向思维思考,多想位高权重之弊,做到知足常乐;对待人事矛盾,用换位思维思考,设身处地为他人着想,做到妥善处置。单位内部,我要求全体同志为改革事业着想,领导干部为同志们的事业着想,强调讲正气,多做善事;讲大气,多作贡献。经过大家的共同努力,很快使一个人员来自四面八方,素质参差不齐、关系盘根错节的组合单位变成了一个特别能思考、特别能战斗的集体。用一个又一个创历史的改革工作"第一",开创了改革的生机勃勃的局面,也确立了在社会上的良好形象。

改革工作是艰辛的,但改革工作也是快乐的。看到伟大的祖国在改革中迅速走向繁荣昌盛,我们的心中只有欣慰。我为自己直接参与了改革的过程感到自豪和骄傲。今后无论在什么工作岗位上,我都将继续为改革鼓与呼,无疑我也将继续在社会的发展和变革中得到新的历练与锻造,从而得到新的收获与感悟。

新起点 新目标 新路径 *

　　这次务虚会是继全国发展改革系统地区会议以后，经委领导批准后召开的一次重要会议，这也是司领导班子配备齐全后司里举办的第一次务虚会。我初步了解，这种形式的务虚会在地区经济司历史上似乎也是第一次。

　　我个人觉得务虚会是一种非常好的形式。务虚会一般在关键的时候召开，而且往往是务虚而不求虚、务虚而不落虚。它有利于我们摆脱复杂的事务，站在高基点上研讨一些重要问题；有利于解放思想、开阔思路，激活思维、深化思考，以豁达的胸襟来认识一些重要问题，依此使我们进一步明辨工作方向，把握工作重心，推动我们的工作迈上新台阶。务虚会名义上务虚，实际上

---

* 本文系作者于2007年2月10日在国家发展和改革委员会地区经济司2007年工作务虚会上的讲话。

务实，是超越现象论本质的务实，是拨开困惑求真知的务实。这次务虚会，尽管只开了短短的一天时间，已经充分证明了这一点。

我赞成刚才几位司长的看法，这次务虚会开得很好，虽务

■ 2009年2月25日，地区经济司领导班子在司务虚会议上合唱歌曲

虚却不虚无缥缈、不着边际，体现了理论和实践的统一、务虚和务实的统一。不仅有思想观点，而且有操作建议，可以说达到了预期的效果。为了开好这次会，几乎每个同志都做了认真的准备，有的同志还写出了长篇的发言材料，大家的发言有条有理，有破有立，满含责任，不乏珠玑，保证了这次会议的高质量。处级及以下18位同志都作了发言，讲得都很好。刚才几位司领导也分别作了讲话，讲了许多颇有见地的意见，我很赞成。2006年以来，在党组的领导下，经过全司的共同努力，我司的工作有了一些新进展，对外已有了新的形象。部门和地方找我们谈工作的人多起来了，上面交给我们办理的大事多了，我们对外的工作也体现出力度了。原来在很多工作方面，我们都是处于比较被动状态的，基本上是别的单位给我们发一个函要我们怎么做，我们就怎么做。现在则不一样了，我们统筹协调的力度不断加大，不少部门都主动上门与我们商量工作，在很多重要事情的谋划上都非常尊重我们的意见。但是我要说，转变只是刚刚开始，或者说还只是一

个初步的转变。地区经济司工作涉及面非常广,由于各种原因,有些事情我们还没有能够顾及得到;顾及的事情,未必得到了优化;一定程度优化了的事情,也不一定都做得很深入。面对复杂的形势和更加艰巨的任务、更加严峻的挑战,我们需要进一步提高认识、理清思路、明确方向。这次会议的成功举办,应该说为此奠定了一个良好的基础。基于这样的考虑,在大家发言的基础上,我也就开创地区工作新局面系统谈一些看法,主要涉及工作基础、工作主线、工作重点、工作方式、工作作风等,总之,是对未来工作的方向与路径作一些探讨。我的发言也是一种讨论而不是定论,仅供大家研究参考。

关于工作基础

我想,无论做什么工作都有一个打基础的问题。这关系到出师有名或名正言顺,也关系到可持续发展,这叫作有来由、有出路。有了这个基础,各项工作才能做强做大。我们想要把地区工作做好,一定把它置于深厚背景和坚实基础之上,我们要找出依据说明自己有存在价值,找出理由说明自己的工作该干而且必须大干。这一段时间我曾和几个处的同志探讨过一个问题,即我们的工作源自什么,也就是工作的基础是什么?我们深入思考得出的结论是:要建立深厚的理论基础或思想基础,没有理论的深度,就没有政策的深度;没有政策的深度,也就没有工作的深度。不夯实理论基础,只盯着每一件具体的事情,就会陷于琐碎、穷于应付;还会陷于被动,被人牵着鼻子走,这样就不可能有独特的建树。就事论事、交事办事，就不可能有必要的地位，也就不可能有持续的发展。大家要明白，大事小事都是这个道理。我们党拥有强大理论基础，而这种理论基础是从毛泽东主席那一代起的每一届领导集体既一脉相承传继，又与时俱进创造的。正是这种来自实践、呼应时代的常青树般的理论催生了新中国并引领中国一步步走向强大，这是从国家层面来讲。从地区工作讲，为什么要存在，为什么要发展，怎么向前发展必须有理有据。我们要把地区工作做强做大，就必须深入思考这个问题。我来地区经济司以后，就多次请司长们和处长们商量探讨这个问题。经过共同的努力，我们很快改变了工作比较冷清的状况，交办给我们的工作事项越来越多。但不要看眼前有事做，还比较红火，如果不廓清依据、夯实基础，哪一天就有可能把这项工作搞没了。我举几个例子。先讲一下有关可持续发展方面的工作。本来可持续发展理论在社会上是响当当的理论，在一个时期的地位可谓如日中天，但我们并没有引之为基础并加以巩固和拓展，随着这些年循环经济理论、资源节约型社会、环境友好型社会等的提出，可持续发展的理论就提得少了。现在循环经济理论比可持续发展名头响得多，尽管它其实只是可持续发展的一个内容。但如果讲循环经济，与地区经济司现在的工作联系就不那么紧密了，许多事情就不会交给我们做了。我们守着一个非常重要的可持续发展理论，但没有作为地区经济工作的基础去深化它、拓展它、挖掘它。工作之路就必然会越走越窄，许多本属于自己的工作却附着别的理论或战略转移了，久而久之也就无事可干了，没事干、不干事就自然谈不上会有什么地位。这是讲的大一点的事情。再说一点具体的事情。我常与扶贫处的同志们讲，别看你们现在管了几十亿元的资金，但假如把扶贫和低保结合起来运作，我们扶贫处还能参与多少事情呢？所以我请扶贫处超脱具体工作务虚，在比较高一些层面上考虑扶贫工作，从做强做大地区工作的角度考虑扶贫工作。辩证地看，虚的东西实际上是很实的东西，如果不研究以工代赈与地区发展的关系，不研究扶贫的根本路径与内在机制问题，不紧扣地区工作发展研究它的调整转变问题，我们所做的扶贫工作就没有可持续性，机构也就不会有可持续性。这里面有很多值得研究的深层次内容，从中能够洞悉夯实地区工作理论基础、政策基础的重要性。为了地区工作的发展壮大，我们要切实做好这方面的工作。

哪些是我们工作的理论基础而需要牢牢把握的呢？

首先当然是毛泽东思想、邓小平理论、"三个代表"重要思想，还有科学发展观等，这是指导我国一切工作的理论基础，当然也是指导地区工作的理论基础，我们要学好吃透、准确掌握。

其次，地区工作直接的理论基础是什么？是国家促进区域协调发展的理论和政策。按照我的安排，政策处有关同志这两天加班加点，把党的十六大以来党中央、国务院关于区域发展的一些重要论述摘编出来，分三期刊印在今年改版后的内刊上，目的就是要使全系统的同志们深入了解和牢牢把握它们。我们要做地区工作，如果连中央的要求都不知道，怎么能够做好？政策处的同志跟我说，这几期刊物已引起不少人的关注，纷纷索要电子版。我们推动工作依靠什么？直接的依靠就是这些文件，这些文件是党中央的重要决策，凝聚了全国人民智慧的结晶，理所当然是我们工作的依据和基础。

再次，就是要不断学习和研究一些重要的理论问题，通过此形成厚实的理论积累。我们要持续、深入地学习一些涉及国家发展全局和区域协调发展方面的好文章、好论述、好观点，自觉地研究一些重大的理论问题。我自从到地区经济司工作以来，常与其他司领导研究讨论这个问题。在这方面，地区经济司有特别的优势，我们应该充分利用好这种优势。司里一年有不少各种名目的课题研究费，外面还有一些单位支持我们，包括委研究室，即使是给三五万元也能做成一个课题。但是实事求是地说，到目前我们用得并不够好，没有哪个课题引起了较大的社会反响，也没有能把一些好的材料送到领导同志的案桌上。有的研究报告虽然出了书，也仅限于送自己朋友，愿意看就翻一翻，不愿意看的就搁在书架上了；有的发了几篇文章，也没有产生什么影响；更有甚者，有的连个像样的研究报告都没有。经过近一段时间的努力，我们开始有收获了。这次在机关学术委员会评奖会上，司里报的三个课题都得了奖，其中还有一个一等奖。据了解，委里能够获得一等奖的多半是领导同志领衔的，这也许有一定道理，因为领导同志站位高，所进行的研究也自然比较深。这次我们司创了一个纪录，几位年轻同志进行的县域经济问题的研究报告荣获了一等奖。最近只要有到司里来访的同志，我就把这些好的研究成果推荐给他们。作为司长，我就是要当大家的宣传员和推销员，当然这也是为了让大家更多地了解地区经济司的同志，多支持我们的工作。要进行有深度的研究，要出好的研究成果，就得有理论积累，就得持之以恒地广泛涉猎各方面的知识，了解和掌握一些重要的前沿性的思想观点。一点储藏都没有，怎么能创造出好的成果来呢？

最后，要深入实际，通过针对性实地调研形成一手材料。理论来自于实践，从一线得来的素材经过分析提炼，就形成了理论和思想。所以这也是一种理论基础。现在我们手头事多，忙不开，许多文件都是在自己那十几平方米的办公室里制造出来的，这其实是很不科学的，很容易脱离实际。真正要写出高质量的文件和材料，需要深入第一线做扎实的调查研究。脱离实际的文件写得再漂亮，也会被束之高阁。这次我们在准备中央政治局学习会上的课件和领导同志的讲话时，用到了有关欧洲区域政策的材料，这些材料不光是从其他书本中得来的，相当一部分来自到欧洲的实地考察材料。实际调研得来的东西，心里踏实。我们今后要结合所做的工作多做一些实地调研，每个重要文件、重大政策的研究制定，都应以实地调研为先。务实、全面而深入的调研应当作为我们工作重要基础。

与此相关的一项工作是我们已经考虑与一些大学合作建立区域经济研究院，使之作为支撑我司工作的一个平台。这个事情本来不打算在这次会议上说，但一些同志提出来了，我就说几句。这项工作正在推进之中，与我们合作的都是著名大学。这涉及一些程序问题，需要相关部门的审核批准，所以还需要一段时间。这方面的工作带有开创性，我们只能循序渐进，在数量上会严格控制。我们还在考虑举办学习班，对本系统的同志进行业务培训。这类工作我在体改司工作的时候做过，举办了几期研究中国改革开放问题的培训班，效果相当不错，推进地区工作也需要培训队伍。与此同时，我们正筹备建立专家库，将一批有真才实学的专家纳入我们工作的支持系统中来。这些都是我们要抓紧建立的机制，它们也构成了我们的工作基础。

这是我要说的关于工作基础问题，实际上就是要夯实理论基础、思想基础和政策基础。不仅司班子要夯实，司里每一个同志都要夯实。我到司里工作后强调推进公开透明、开展相互交流，实际上都为了夯实大家的工作基础。如果相互封闭、各自为战，别的问题不说，仅从能力看，就会导致别的事一概不知不晓，你只懂自己负责的那一点点工作，一旦轮岗转岗你就又是白纸一张，这是对自己不负责任的，也是对组织不负责任的。

关于工作主线

2006年7月份新班子建立以后，我们就一直强调明确工作主线的问题。为什么要强调这个问题？这是因为面对杂乱无序的工作必须用一条线把它们串连起来，如此才能做到有条不紊、不断深化；也是因为面对千头万绪的局面必须抓住关键环节，如此才能做到纲举目张。没有主线我们会忙不到点子上，甚至不知道在忙什么。大家工作很辛苦，但是不知不觉地被边缘化了。我一来到司里就着力抓了两件事情，这两件事大部分同志都认为比较难做，但我们做成了，今天大家也都认为非常必要。司里的对外网站，我们下力气抓了一下。地区经济司的外网信息几年来没有更新，有的信息还是2004年、2005年的。首页还是已经调走快一年的老司长的签名。打开网站就给别人留下一个不好的印象，人家会觉得地区经济司没做什么事情或没多少事情可做，继而会觉得地区经济司没有活力和战斗力。别看一个外网，其实关系重大，关系到司里的外在形象，关系到司内的工作能力。提高地区经济司的战斗力，我们从抓外网建设开始，也就是从抓形象开始。我主持召开了司务会，专题讨论这个问题。开始提的要求并不高，希望3个月内进入委排名的前十名。不少同志有怀疑，认为3个月没有可能。

抓的结果是，第一个月就进入了前5名，此后始终保持前3名，12月份达到综合排名第一。信息量上去了，质量提高了，人气立马就上来了，访问我们网站的人明显增多了，大家通过网站也了解了地区经济司的工作量与工作内容，自然而然地地区经济司就与社会拉近了距离。还有一个就是召开地区系统的工作会议。会议关系到地区工作的全局，应该说非常重要，但我们已经八九年没有开了。我在中共中央党校学习，时间很紧张，又刚调到地区经济司，头绪还没理清，要从不负责任的角度考虑，照旧办理就行了。但我觉得应该开，必须开。当商量这件事的时候，大家也感到时间紧、任务重、有难度。有些同志则主张开得简单一些，依照以往模式请处长来一下就行了。我们认为要开就必须开出质量，也应当开出气势。大家都看到了，我们在筹备时间非常紧张的状况下，开了一个既务实又热烈的系统工作会议，效果十分明显，系统内外反映都很好。会议明确了工作方向，鼓舞了士气，也进一步凝聚了各方面的力量。但抓这些具体事情，都要服务于工作主线。脱离了主线，它们就成了各不相关的事情，形不成合力，也发挥不出应有的作用，抓了也是在做无用功。脱离了主线，也就脱离了国家经济社会发展的主题，远离了党和政府的中心工作。所以，一定要明确工作主线，紧扣工作主线，这样就能紧扣国家发展的主题，服务中心工作。我们司工作的指导思想里有很重要的一条，叫作"服务主题、影响主题"。主线在很大程度上是与主题相连接的，甚至还是主题的核心内容。如果没有主线，不紧扣主线，我们如何能服务主题、影响主题？进入不了主战场，总在边缘游离，中央要求抓这个，我们却在搞那个，怎么服务怎么影响？不服务不影响怎么能证明我们有存在的价值？抓主线就能够串联各方形成互动，既能把各个方面都带起来，反过来又推动各方一起为主线服务；抓主线还能够提升高度、开拓深度，而只有上升了工作层次，围绕大的目标做工作，才能把各个方面的具体工作深入下去、拓展开来。这也就是这半年多来，我和司领导班子为什么一直强调要明确工作主线、紧扣工作主线的原因。委主管领导也很重视很支持我们的意见，多次强调地区工作要抓主线。关于工作主线是什么我们已经反复阐述过了，从国家整体层面说是践行科学发展观，从地区工作的角度说是促进区域协调发展，而促进区域协调发展就是践行科学发展观的重要内容或核心内容。一旦抓住促进区域协调发展这条主线，我们的研究视野就开阔了，工作内容就丰富了，不断前进也就有方向。抓主线并不妨碍我们抓各项具体工作，恰恰能把各项工作统领起来做到齐头并进。我要特别强调，同志们一定要从过去的思维窠臼中走出来，要认识到这个问题不仅涉及思想认识，也涉及实践拓展，所以我希望同志们在这个基础上，继续深化研究，不仅在理论上讲清讲透，在思想上提高升华，更重要的是找到实践中紧密相扣的有效路径，这是我们把握工作主线的核心任务和本质要求。

关于工作重点

工作主线不等于工作重点，主线是串联或贯穿工作全过程的一根红线，而工作重点就是这根红线上的一个个主要纽结。

第一个方面，我要强调抓主线就应当抓重点，否则主线就难以体现，或者就变成了一条虚线。因此，我们要认真梳理工作思路，进一步明确和突出工作重点。地区工作涉及面很宽，今后还会更加宽泛，我们要统筹兼顾，但如果同等用力，有可能是什么都抓不住、什么都抓不好，最后是吃力不讨好、事倍功半。会上不少同志谈到司里近些年来的工作情况就是如此。2006年下半年以来司里工作任务明显增多，但我们重点抓了两项，形成了工作亮点，通过这两件大事，地区工作形象也一下子就支撑起来了。一个是研究制定推进天津滨海新区开发开放的意见，这项工作主要是与体改司合作的，因此我差不多全程参与了这项工作。这是很重要的一件事情，提高到了中央政治局常委会讨论的层次。有多少事情能上中央政治局常委会讨论？所以可以说我们干的是建功立德的大事。另一件事情是着力推动促进中部地区崛起的有关工作，特别是研究制定"两个比照"的意见，也是建功立德的事情，其中涉及大量的测算、甄别与协调工作，司里许多同志为此加班加点，倾力奉献。但总体上说我们对工作重点突出得还不够，对外宣传烘托得也不充分。工作的重点亮点一旦突出了，不仅会带动一系列工作，也会使你们的工作环境变得宽松起来，委内委外的重视程度就会大不一样。这是我说的第一个方面，要进一步突出工作重点。

　　第二个方面，我要强调抓工作重点与职责分工没有必然关系。抓重点不是突出抓哪个处室，不是说哪个处室在司里更重要，对此同志们一定要有正确认识。并不是说因为促进区域协调发展是我司的工作主线，那么负责区域工作的处就变得特别重要，而负责扶贫和环境工作的处就变得不重要了，绝不是这个意思。在我们司所有的处都同等重要，既然承担的是地区工作的一部分，那么其重要性是毋庸置疑的。但会不会抓重点工作，重点工作抓得好不好，却直接影响到各处的职能发挥，从这个角度说，抓重点工作与处室的重要性又是有关联的。所谓有为才能有位。这涉及两点，一是要站在促进区域协调发展的高度抓重点工作；另一方面要基于促进区域协调发展不断开拓重点工作。也就是说要把对重点工作的考量与促进区域协调发展紧密联系起来，或者说处室工作必须连接到促进区域协调发展之中。这样做重点工作就会自然而然地突出出来，相关工作也能抓实抓好，如此处室的地位也就凸显出来了。也只有这样，才能把各项工作都抓到位。

第三个方面，要明确并抓好当前的工作重点。委领导在武汉召开的系统会上强调了六个方面的重点工作，我在工作报告中细化为十个方面，下一步我们要紧紧扣住这些方面扎实推进。今天再梳理一下，未来一个时期主要是要突出抓这样几个方面工作。一是要推动并做好区域规划编制工作。要在做好长江三角洲和京津冀都市圈区域规划编制实施的基础上，选择对促进国家区域协调发展有重要意义的一些重点地区，开展区域规划研究编制工作。还需做好有关城市群的发展规划的研制，做好推动县域经济发展的相关规划的研制，相应地还要研究规划的地位问题，推动形成相关立法。二是要深入开展区域政策研究。首先要深入研究制定国家区域发展战略可能面对一些重大问题。有两个问题值得抓紧研究，一个是区域政策的区域特征不够明显，一定程度存在"一刀切"的问题；另一个是过分强调各区域的特殊性，事实上导致各自为政、相互封闭的问题。站在全国角度怎样看这两个问题，我们应该提出正确的思路。与这方面对应的一个大问题，就是要研究"四大板块"的区域总体发展战略与四大分类的主体功能区思路的关系及政策、机制的衔接。主体功能区的思路已在党的十六届五中全会的相关文件明确规定，我有幸参与了这个文件的起草工作。我知道，委里有关司局提出相关建议时，我们司的同志有不同意见，这种讨论是很正常的。但我赞成有关司领导刚才讲的意见，不管以前你有什么想法，今天这一思路成了中央的决定，我们就必须无条件服从，因为我们是政府职能部门，不是学术研究部门。不仅要坚决服从，还有深入推进。当然推进实施中还有不少理论问题需要探讨，特别是探寻与复杂实践相衔接的合适路径，我们可以在把握总体要求的前提下做好这个工作。大家要熟悉主体功能区的思路，研究不同分区的财政配套问题、资源保护问题、人口管理问题等，要能够真正研深议透，并且要比别人做得更好。其次要深入研究推进重点地区加快开放开发的问题。要把重点地区的开放开发与区域协调发展战略衔接起来，提出政策思路。重点地区也包括两类，我分别称之为活力地区和潜力地区，前一类是发达地区中的核心地区，如发达地区的中心城市，或者像上海浦东新区、天津滨海新区这样的地区；后一类是欠发达地区中的更为落后的地区，也就是老少边穷地区。这类地区问题很多，但潜力也很大。两类地区各方面差别都很大，因而推动发展的政策思路就不能一样。再次，要深入研究积极促进地区经济合作问题。中央提出的建立地区经济合作的四个机制，为我们指明了工作的方向。我们关于推进区域合作的指导意见搞了两年，至今尚没有形成像样的成果，要增强责任意识与工作力度，争取今年有实质性的突破。最后，要深入研究国土治理和重点流域治理的体制与政策问题。这一块工作领域宽泛、大有可为。最近我司对土地计划做了一些协调工作，宏观把握有所加强。地区系统会议召开期间，我听到有关土地宏观管理方面的一些反映，回司后我即与一些司处长讨论了这个问题。我提出两条原则，一条是宏观管理要加强，履行好国家发展和改革委员会的相关职能；另一条是要把握好界限，不要陷入具体审批事务之中。土地计划平衡这个盘子一定要把握好。最近国土资源部的同志与我们频繁衔接，也非常重视我们的意见。这说明只要我们积极履行职责，效果就会很不一样。但我们要把握好度，不要越位；不要事无巨细一概包揽，否则陷进去就出不来了；当然更要出于公心，从大局出发，为国家负责，不是去为难谁。我们主要是把握大盘子、加强监督检查，这样不仅对地方有约束，对国土管理部门也会有约束。总之，我们要履行好作为宏观部门的职责，但却不能超越这个职责。三是要探索新形势下推进扶贫工作的机制和思路。今天扶贫处的同志谈得不错，有一定的高度，再梳理一下就是很好的工作思路。抓几个项目并不难，关键要真正解决贫困地区、贫困人口永久脱离贫困、实现持续发展的问题，要与促进区域协调发展整体战略紧密结合，探索建立脱贫向富的长效机制。

第四个方面，抓重点要讲究方式。方式不对，难以真正做到突出重点。讲究方式，就是要做到重点重办、重点急办、重点优办。就具体事项而言，什么是重点？党中央国务院领导批示我们研究的工作是重点，委领导明确指示我们要研究的事项是重点。概言之，国家要求我们研究的、我们主动要去研究的，都应当是重点。此外，与我司职能密切相关的事项也是重点。一定要把这些重点事项处理好。2006年全司收文6000多件，其中一半左右是司局相互发文，有一些文函解答不了问题，请地区司帮忙解答。对所有文函的处置都要持认真负责的工作态度，但在工作方式上也一定要讲究，不能平均用力，也要删繁就简、抓大放小。关于突出抓好工作重点的问题很重要，所以我也重点谈了谈。

四

关于工作方法

　　工作方法与做好工作密切相关，是重要的保障条件。好的工作方法能够使我们面对千头万绪和复杂艰巨的困难而临危不乱、遇事不惊；好的工作方法能够使我们轻车熟路、事半功倍；好的工作方法也能够使我们掌握主动、出奇制胜。做一件同样的事，方法不同质量效率成本就会很不一样。所以我们一定要讲究工作方法，优化工作方法。新的司领导班子成立以后，我们并没有在每一件事情都下同样大功夫，从外到内着力抓了几件事情，面貌就出现明显的变化。这里有技巧问题，也就是方式方法问题。前面讲到了我司外网建设的事情。大家都知道，我刚到司里的时候，网站办了好几年，点击率还不到 4 万次，这是 2006 年 7 月的数字。现在是多少呢？超过 21 万次，接近 22 万次。司里网站 2003 年就开始举办，2003 年到 2006 年，这么长的时间跨度点击率还不到 4 万次。抓了一下，在七八个月时间里就增长了 17 万次，说明做好这件事并不难。问题出在工作方式上。关于工作方式，在思路上我给大家强调这样几点：第一，要注重用建设性的建议去改变别人或影响决策。如果不同意别人的观点，不要简单去批评人家的观点，可以换一个角度尝试提出你的好建议，供别人考量。不能老琢磨着对着干，热衷于当批评先生。通过提出有理有据的建设性意见，去改变别人和影响别人，这就是技巧，这也是本事。人家听起来很顺耳，我们所提的建议又很容易被接受，何乐而不为？第二，要坚持用主动去实现主导。也就是通过积极的开创性工作，去掌握推进相关工作的主动权。我在体改司工作时，与天津滨海新区工作上有很紧密的联系。到地区经济司工作后，我与有关司处长商量主动推进有关促进滨海新区开放发展的问题，我们提出工作思路很快得到委领导批准。根据工作思路，我们召开了工作座谈会，结果是各方面都很支持配合我们，天津市发展和改革委员会主任亲自参会，各司也都派了负责同志参加。通过这次会议，奠定了我司在这项工作上的主导地位。第三，要善于从结合部开拓工作领域求发展。结合部最容易被忽视，但结合部有潜力、有空间、有事业。东北司着眼于东北地区发展，西部司着眼西部地区发展，整体协调发展谁来抓？东中西结合谁来抓？这里面工作空间就很大，可以研究探索的事项也很多，这就是地区司的职责或应该着力的地方，做好了就能出成绩也能出亮点。在操作上，我也想给大家强调几点，归纳起来是要做到四个"依靠"。

一是要依靠典型。典型的力量有时是很大的，所以要善于抓典型。做好这种事并不容易，涉及选择、树立、推广的问题，也涉及平台、载体、机制问题，应加强探索，积累经验，常做常新。

二是要依靠制度。没有制度就没有责任，没有制度就没有约束，没有制度就没有秩序。没有制度很容易使一些简单关系变得很复杂，出现问题是必然的。靠人去管人，对人不对事，会不知深浅、难把分寸；靠制度管人，对事不对人，则尺度透明、规范公正。依靠制度，还可以未雨绸缪、防微杜渐。自2006年以来，我们建立了一系列制度，实施效果都很好。如司务会制度，要求能公开的一律公开，接受内外监督。还有工作信息通报制度，按司里要求，综合处形成一套程序，编发了《每周工作动态》。大家发现，就这样一份工作动态，不仅能沟通信息，了解各位同志尽职履责的情况，它也是很重要的工作资料，能体现工作推进的前后过程，查阅起来十分方便。它甚至还能起到提高素质，增强战斗力、凝聚力的作用。

三是要依靠群众。团结起来力量大，众人拾柴火焰高，能够大家一起干的，不要单打独斗。我到司里后，一直致力于公开化的工作，目的是通过这种方式，让全司同志都知晓并参与整个工作进程之中。能够公开的，一定要公开；多一点民主、多一点公开、多一点透明，只有好处，没有坏处。司长们这块也是这样，只要是稍微重要一点的事情，我们都会开司长会研究，一般的事我也要与一两位司长商量研究。这样做不仅能优化决策，能帮助一把手分担责任，也有利于高质量快节奏推进工作。增强工作透明度好处很多，透明度提高了，大家也能一块儿出主意，一块儿担困难，也一块儿付心血。我们说今天的务虚会开得好，基本一条就在于广开言路或集思广益，本质上是信任大家。基于这种信任，每位同志高度重视、深入思考、精心准备，就使会议开成了一个高质量的会议。做好地区工作，必须发挥每一位同志的积极性，司领导要带头这样做，各处室也要这样做。

最后是要依靠检查。有布置没有检查，虚张声势、有头无尾，或者虎头蛇尾，往往比不布置还糟糕。任何一项工作都要通过正常机制贯彻落实，而贯彻落实好的一个很重要的手段就是监督检查。这里我与同志们郑重地说一句，我的记忆力是很好的，我布置过的工作不会是顺嘴一说，过后即忘。哪怕是布置过的比较小的事项，半个月以后，一个月以后，我都能记住，会检查的。到司里已经半年多了，大家没有看到我虎着脸发脾气，即使个别同志工作上有些失误，我也尽量心平气和地开导讨论，帮助提高认识，但这绝不等于我会和稀泥，也不等于任何时候都能一直保持温文尔雅。组织把一个司、一个处交给我们,我们要对党和人民负责,这是作为公务员的基本责任,更是做一个领导干部的基本责任。工作布置后一定要有督促检查,请各司、处都要把握这一点。司务会把工作交给谁,谁就要认真落实好,工作就是要这么干,这样干才能真正干出成效来。在地区系统的工作会议曾提出,有关处要与地方建立信息沟通机制,请地方三个月或半年系统地上传一次工作动态。目前这个机制还没有落实,要抓紧落实。这件事处理起来很简单,以司里名义发一个函,再打一通电话就可以。另外可请各地指定一个联络人员,建立一个固定的沟通渠道。及时掌握地方信息,有利于我们研究推进工作,也利于及时把好的做法进行宣传推广,这是一个一举多得的举措。

关于工作作风

作风是品性与精神等的综合反映,是为人处事的特点与态度。刚才司领导传达上面的指示精神,专门就党风和司风建设谈了认识。我们要认真对待,把党风司风建设放在十分重要的位置上。要做好地区工作,必须树立良好的作风。我们司的工作作风总体上说是好的,但是面对着新的使命和要求,我们还要进一步改进,特别是树立一些重要的意识并真正落实到行动上。主要是增强这样六个方面的意识。

第一个是责任意识。人生在世,总要干成几件事情。作为公民无论能力多大,都应该为国家分忧解难,这就是责任意识。所以前人讲

"位卑未敢忘忧国"。作为国家公务员，我们就更应该尽心尽力把组织交付我们的工作干好。在其位、谋其政，这是最基本的要求。大家一定要尽职尽责，为党、为人民、为社会尽力多做一些事情。

第二个是奉献意识。奉献和责任是连在一起的，有责任必然愿奉献。奉献是一种不求回报的付出，体现为对国家、对事业的热爱。现在交给我们司的办件越来越多，我一天要批很多件给大家办理，所以同志们加班加点也越来越多，一些同志很辛苦。但我还是要强调，不要光是被动奉献，还要主动奉献。这里说一件具体的事情，就是关于保持电话全天候开机畅通的问题。有关司领导和处室希望我在会上再强调一下。这件事虽然小，但与无私奉献也有一定的联系，希望大家加以重视。委里规定，所有同志无论上班下班都要保持电话通畅，每位同志都要严格执行委里的要求。同时，还要把方便联系的电话留给司里备用，万一有什么紧要事情方便联系。当然，非紧急和重要事务我们不会打扰大家。我们主张大家要有奉献意识，但我们也强调能不加班尽量不加班，能在8小时内办完的事不要拖到8小时之外。但我们这样的工作单位紧急之事总是难以避免的，一旦招呼大家就必须迅速到位。

第三个是集体意识。这既包括要有集体荣誉感，也包括要始终把自己当作集体一员加强团结合作。任何时候都应考虑到我是地区司的一员，我的每个行为都跟地区司密切相关，我们有责任维护地区司的形象，也有责任去提升地区司的形象，当然，这种集体荣誉感不是天上掉下来的，而是平时培育和累积的。其中包括相互支持、团结合作。我一直强调，我们要多搞集体活动，重大事情要以司为团队来运作；人与人之间，处与处之间要多交流、多沟通；有好事要让大家共享，遇难事大家则要出手相帮。当然这涉及很多方面，需要留心存意。我们看到这方面已经有了很大的改善。例如，原来各处工作基本上是各自为政、闭门操作，现在则不一样了。一些处召开的业务会议，不仅请求司里支持，还尽量邀请其他处一道举办；许多课题研究也都以处室合作的方式开展；委里为举办联欢活动进行的节目排练，一些同志踊跃报名参加。这些事不算大，但都体现出了强烈的集体意识。

第四个是创新意识。就是不能甘于现状，要创造性地做好各项工作。这一点我曾多次说过。创新应成为我们思考问题、处理事情的一个基本出发点。只有创新，才能推进工作、圆满履职；只有创新，才能提升自己、惠及别人。同时，只有创新才能促进发展、赢得地位。当然，创新不是一件容易的事，不仅要有能力，还要有责任心、进取心。

第五个是规则意识。常言道，没有规矩不成方圆，这实际上讲的就是要严格遵守规则。没有规则就会出现混乱，没有规则容易犯错误，没有规则也形不成战斗力，在这方面轻视不得、马虎不得。应该说，目前一些同志的规则意识还需要进一步加强。前面提到，我到司里工作后，推动建立了一批规章制度，以后还要陆续建立一些制度。定规则的目的是守规则，关键在于落实和执行。对此大家要高度重视。

第六点，也是最后一点，是和谐意识。和谐是有效开展工作的基础与前提。我多次强调，司里的同志在工作中是伙伴和同事，平时则是兄弟和姐妹，要做到推心置腹、坦诚相待。人无完人，张三、李四有什么缺点，平时要直言不讳地给他指出来，但如果没有重大的品质问题、不存在违背党纪国法的问题，在关键时刻还是要热情相帮，尽量替人家说好话。老实说，我特别反感热衷于背后说坏话的人，当面不说、背后瞎说不是一种好的品德，而当面批评、背后抬举才是一种美德。对同志的进步也要怀有正确的心态。我们都应该为被提拔的同志感到高兴。换一个角度看，提拔一个松动一排。别人进步了，你的机会也就来了；一个个都提拔不起来，所有的人都被压住了。很多事情需要辩证地看。另外，如果某个同志生病了，可以打个电话问候一下，也许什么事都帮不上忙，但生病同事会觉得温暖舒服。逢年过节也尽量相互发个问候短信，虽然只是一毛钱的事，但大家感觉会不一样。有人结婚生子，贵重的东西不能送，但送点有意义的小礼物表达祝福祝贺之意，当事人会觉得很开心。做得好，我们就能从这些不起眼的小事中间体会到一个集体其乐融融的氛围。和谐带来愉悦，如果心情愉悦，就会像诗里所描述的那样，感觉到每天早晨升起的太阳都是新生的。中央提出构建社会主义和谐社会，对于我们司来说就是构建和谐司局，而其中一个重要内容就是构造和谐相处、和衷共济、相互关爱的氛围。说到底，这也是党风司风建设的一个重要内容，是执行党的路线方针政策的具体行动。所以我强调，每个人在处理同志关系方面，要大度一些，要宽厚一些，有时候还要"糊涂"一些，只有这样，我们才能集中全部精力、以最好的心情干事业并干成事业。在上一次司级干部生活会上，委主管领导给司里领导班子和全司予以很高的评价。我认为我们司至少有三个好：一是有好的基础。地区机构成立多年来，历届班子接力干，做了不少实事，也积累了丰富的经验。二是有好的队伍。我们这个队伍，人数不算多，但肯吃苦、能战斗、倍儿精神、有活力。人人都很敬业，对交办的任务都非常负责。三是有好的手段。当然这是比较而言的，我们最好的手段就是工作平台，这个工作平台不仅把各级地区机构连在了一起，也把我们同全国各地连在了一起，进而把地区工作与国家的中心工作始终连在了一起。可以说，国家的发展空间有多大，我们工作的舞台就有多大，这是很多单位不能比拟的。大家已经看到了，司领导班子十分团结，心往一处想，劲往一处使，工作力度不断增强，大家也逐渐适应了这种快的工作节奏和紧的工作方式。但有一点，我们要求大家办到的事，司领导班子要先做到，而我作为司长，更是要首先做到，请同志们监督。但同时我也要提醒每一位同志，司领导班子的要求也会是很高的，大家会感觉压力。令人感到高兴的是，司里已显现出新的面貌，我们的工作正在向确定的目标靠拢。2006年下半年，我们陆续提出一些工作思路，包括在地区系统工作会议上提出的思路，全国发展改革工作会议召开期间在地区处长会上提出的三句话，即"服务主题，影响主题，把虚做实，把实做虚，善于做事，多做善事"，还有今年初，我代表司里向党组汇报时提出的基本工作路径，即"把握主线、紧扣中心，突出重点、统筹兼顾，密切合作、加强联动，注重深度、提升质量"等。大家感觉到了也看到了，我们正在以创造性的努力朝这个目标靠拢。我们的工作任务会越来越重，这几天又接到委里批转给我司的多件中央领导交办的重要事项，但大家锻炼的机会也越来越多，我们要趁着这次务虚会的东风，继续落实中央各项方针政策，落实委党组的各项指示和要求，齐心协力，同舟共济，开拓创新，把地区经济司的工作推向一个新的局面。

再过几天就是一年一度最重要的新春佳节，在此给各位拜个早年。也借此机会，对各位过去所付出的辛勤劳动再次表示衷心的感谢。祝愿我们的集体在新的一年各个方面都能攀上新高度、展现新气象，祝愿大家在新的一年身体健康、家庭幸福、一切顺利。

高扬起奋斗的臂膀[*]

召开这次座谈会，是想通过交流谈心，一方面了解大家的思想动态，有针对性地强化教育引导，帮助青年干部健康成长；另一方面听取大家对司里工作特别是青年工作的意见和建议，以求不断改善和提升。司党支部对这次座谈会高度重视，支委会专门召开会议进行研究，今天又全体参加了会议。大家都讲了意见，司分管领导同志代表支部提出了希望和要求，其他支部委员也都谈了体会和建议。我到会的时间比较晚，没有听到全部内容，但从刚才司领导的介绍及我听到的部分发言看，感觉今天的座谈会开得很成功。大家的发言朴实坦诚、具有深度，并且风趣幽默、充满感情，看得出事先都认真做了准备，又立于

---

[*] 本文系作者2008年6月17日在地区经济司青年干部座谈会上的讲话。

热爱地区经济司这个集体的基础之上。平时包括我在内，各位司领导也常常就一些事情与同志们单独进行交心谈心，但像今天这样聚在一块交心谈心应该还是第一次。这样的交心谈心展现出特殊的氛围和特殊的效果，提醒我们以后应该多组织一些。

大家的发言有一个共同的特点，就是对司里近两年的工作给予了充分的肯定。的确，这两年来我司打了很多个漂亮仗，研究起草了一系列中央交办的重要政策文件，推动开展了许多具有创造性的探索试验，完成了不少难度很大的工作任务，受到了委领导的充分肯定，委内外都认为现在的地区经济司具有很强的战斗力，是一支能打硬仗、攻难关和办大事的队伍。但我想强调的是，我司能取得今天的成就，各项工作能够不断地迈向新的台阶，是大家共同努力的结果，而青年同志发挥了特殊的作用。青年是我司干部队伍的主力军，没有你们夜以继日、任劳任怨的努力工作，就不会有司里今天蓬勃向上的好局面。但我司承担的是促进区域协调发展的工作职责，随着区域协调发展战略的深入贯彻实施，需要我们协调解决的重大问题会越来越多，因此，我们的工作任务会越来越繁重，相应地对我们的要求也会越来越高，对青年同志更是如此。我们必须适应新的形势和工作任务的要求，进一步加强学习、陶冶情操，不断提高自身的思想道德水平和综合业务素质，为迎接新的挑战、胜任更加艰难的任务夯实基础。原本不打算讲话，所以没做专门的准备。受大家的热情所感染，也基于对青年同志的热爱，借这个机会即兴谈一些心里话，也算是对大家的一些希望。概括起来，可以叫做"三个一点"。

一

要有一点精神

毛泽东主席曾说过，人是要有一点精神的。确确实实，人无精神不立，精神是做好一切工作的动力和支撑。我想，风华正茂、朝气蓬勃的年轻人，更要有一点精神。要有什么样的精神呢？我以为至少应该具有这样五种精神：

一是要有牺牲奉献的精神。牺牲奉献精神是我们民族的一个重要品质。回顾历史，从孔子的"大道之行、天下为公"到《汉书》里的"国而忘家、公而忘私"，到顾炎武的"天下兴亡、匹夫有责"，到林则徐的"苟利国家生死以、岂因祸福避趋之"，再到雷锋的"生为人民生、死为人民死"，都是这种牺牲奉献精神的体现。青年同志作为祖国的未来和希望，作为承前启后的新一代，要继承和发扬这种精神。具体地说，就是要勇于担当、以公为先。为了祖国和人民，在关键的时候，我们要挺身而出，冲在最前列；为了国家发展和社会进步，在利益面前，我们要克服私念、一心为公。对我司青年同志而言，就是要全身心地投入工作中去，敢于挑重担、攻难题，不谋私利、不计得失。应该说我们司的青年同志是具备这种精神的，包括借调的青年同志在内，总是把工作放在第一位，遇到急事、难事，往往都是争着抢着干。司里交代的工作任务没有一个人讲条件、谈困难，总是千方百计地去把它干好、干得漂亮些。为完成好任务，常常牺牲自己的休息时间加班加点。我周末到办公室来，几乎每次都能看到一些同志在加班加点，而主力就是我们的青年同志。这种牺牲奉献精神还体现在大家的互相帮助和乐善好施上，这次汶川大地震发生后，青年同志在第一时间积极踊跃捐款，且捐款数量之多前所未有，包括借调的青年同志在内，没有一个人犹豫，有的还积极要求到灾区前线去帮助工作。有了这种牺牲奉献精神，不仅给司里工作不断迈上新的台阶提供了保证，也会促使我们本身不断进取，有所作为。我希望大家能把这种精神保持下去，并且不断发扬光大。

二是要有求真务实的精神。"实干兴邦、空谈误国""大人不华、君子务实""知之而不行、虽敦必困"，还有"道虽迩、不行不至；事虽小、不为不成"，这些都是讲求真务实的重要性。我们每个人包括我们的青年同志，都应该树立和坚持求真务实的精神。就是要像革命家李大钊所指出的那样，凡事都要脚踏实地去工作，不驰于空想，不骛于虚声，唯以求真的态度做踏实的功夫。只有这样才能不断地认识真理，实现思想上的升华；只有这样才能使自己不断进步，也才能对国家的发展和人民的福祉有所贡献。求真务实要求我们探索知识必须追根溯源，不浮光掠影、浅尝辄止；要求我们不受利益关系所扰，不为压力所屈，竭力去把握事物的本来面目，去寻求发展的内在规律；要求我们不浮躁虚华、挑三拣四，必须认真对待每一项工作、踏实做好每一件事情。总之，是要求我们做老实人、办老实事，襟怀坦荡、实事求是地从政治学、为人处世。我们司不少青年同志具有这样的精神，一定要坚持下去，并且蔚成风气。

三是要有吃苦耐劳的精神。吃苦耐劳这个词讲起来往往会脱口而出，但真正做到却并不容易。因为吃苦耐劳不仅仅在于做一件事要吃得起苦，要有一定的耐力韧性，关键还在于有一种不怕吃亏、敢于吃亏的思想境界。古人云：吃亏是福、难得糊涂。这表明吃苦耐劳其实是一种胸怀，是一种风度，也是一种达观和超然。吃苦耐劳体现在危难时刻勇于挺身而出上、体现在探求真知不畏风险"敢为天下先"上，还体现在敢于吃亏、具有雷锋同志提倡的"傻子"精神上。我司的青年同志都是经过重重选拔到岗的，或者说都经历了"过五关、斩六将"的过程，基本上是千里挑一的精英。大家都具有研究生以上学历，综合素质比较高，也都很聪明睿智。然而如果同时具有"傻子"精神，那才是真正的聪明，是大聪明。要不怕吃苦受累，不怕流汗熬夜，善于从身边的点滴小事做起，对于打开水、扫地、清理废物之类的琐事，要争着抢着多干一些。久而久之，人并没有累着，但思想素质和境界就会大不一样了。近两年来，我司一直有一条规定，就是新录用的公务员要先安排在综合处工作一段时间，多承担一些具体事务，通过具体事务熟悉全司的人员和业务，也培养吃苦耐劳和谦卑恭敬的品德。实践证明，这个制度对青年干部的培养是十分有好处的，今后我们还要继续坚持下去。

四是要有开拓创新的精神。《诗经》讲"周虽旧邦、其命维新"。《周易》讲"穷则变、变则通、通则久"，王安石讲"天变不足畏、祖宗不足法、人言不足恤"等，都是讲创新的重要性。没有创新就没有发展，创新应是一个集体的使命，也应是作为一个人的重要品质。俗话说，"初生牛犊不怕虎"，青年同志更要有锐气，要敢闯敢试、勇于创新。有好的想法和建议，应大胆地提出来，不必瞻前顾后。同志们都能看得到，现在的司领导班子十分讲究民主，每一件事情决策的透明度都很高。我本人在工作上态度比较严肃，对大家要求也高，但是许多场合特别是在8小时之外的休息时间里，应该说还是很随和的。只要你们认为正确的意见和建议,尽管向司领导反映,我们会认真考虑、积极采纳。即使你们提错了,也绝不会有"穿小鞋"的问题,我本人不会这样做,其他司领导也不会这样做。我们提倡司里的青年同志思想要再解放一些、胆子要再大一些,要树立破旧立新的意识,铸就开拓进取的精神,能够经常提出一些新颖独到的真知灼见。只有这样,我们起草的文件才具有指导性,我们所开展的工作才具有示范性,而有新的思路、新的事业作支撑,我们司朝气蓬勃、生龙活虎的局面才能长期保持下去,地区经济发展才会充满希望与活力。

五是要有团结合作的精神。人心齐,泰山移。无论做任何事情,只有讲究团结合作,才能干出成效。团结就是力量,"众人拾柴火焰高",这样的道理很容易理解。个人优秀固然很重要,但个人再完美,也不过是沧海一粟,而一个优秀的团队才是无垠的大海。对青年而言,团结合作尤为重要。青年同志充满激情和理想,往往在保持锐气和活力的同时,容易忽视宽容、忍让和迁就;在显露自己能力才华时容易忽视协同互助。正因为如此,我们就必须牢固树立团结合作的意识,不断增强团结合作的精神。要清楚地认识到,只有我们的青年同志团结起来,司领导班子才能够通过你们把全司的同志紧密凝聚在一起,我司团结和谐的局面才能长期保持下去。只有全体同志的紧密团结协作,才能充分展示我们的力量和长处,圆满完成党中央、国务院和委领导交办的各项工作任务。可喜的是,在司领导班子的推动和青年同志的努力下,我司已经形成了一种和谐相处、友情操作的好风气,从而使我们的队伍心心相通,步调整齐,具有很强的战斗力。希望我们的青年同志继续发挥好模范带动作用,把团结合作精神和同心协力的风气长期保持下去。

■ 2011年9月25日，地区经济司同志在奥林匹克公园参加委组织的体育活动后留影

要有一点能力

　　能力是事业持续发展的坚强基石，是工作不断拓展的有力手段，也是生命质量优化提升的重要支撑。能力是一个人综合素质的集中体现。我们常说，"学好数理化，走遍天下都不怕"。实质上是说，只要自身素质高、能力强，无论什么工作都能干好、什么风险都能应对。能力是发展的空间，能力是社会竞争力。欲为国家多作贡献，必须提高能力；欲使自己行路宽广，也必须提高能力。党的十六届三中全会

要求提高五种能力，即科学判断形势的能力、驾驭市场经济的能力、应对复杂局面的能力、依法执政的能力和统揽全局的能力，党的十六届四中全会进一步深化为驾驭社会主义市场经济的能力、发展社会主义民主政治的能力、建设社会主义先进文化的能力、构建社会主义和谐社会的能力、应对国际局势和处理国际事务的能力。这虽然是对党组织和领导干部的要求，但不少也适用于我们青年同志，我们应把握这些要求，努力提升自己。

综合考虑，我希望司里的青年同志，要特别注重培养和练就如下五个方面的能力：

一是把握大势的能力。大势就是发展的趋势，就是前进的方向，把握了大势才能做到紧跟时代要求，不走弯路，不犯错误。青年同志要能够正确判断和把握政治大势、经济大势和工作大势。政治上，面对大是大非问题上要头脑清醒、立场坚定，永远站在国家和人民利益一边，不游移徘徊、不投机取巧；经济上，要努力探索内在本质和客观规律，搞清发展中面临的主要矛盾和需要解决的主要问题；工作上，要善于在纷繁复杂的事务中抓住"牵一发动全身"的环节，找到"落一子而全盘活"的举措。

二是解决问题的能力。应对复杂局面，能否把握住主要矛盾和有效方式；推进具体工作，能否把握住关键环节和便捷路径；起草政策文件，能否把握住中心定位和基本内容，如此等等都能直接检验我们处理问题、解决问题的能力水平。地区工作需要分类指导，在与不同类型地区的领导和同志们沟通情况、交换意见时，有针对性地提出思路与建议，就是我们应该具备的基本素质和能力。这当然不是一日之功。青年同志天资聪颖、反应敏捷，关键在于当"有心人"，做"工程兵",积极投身到具体实践中,深钻细研、身体力行。久而久之,必然能够练就"火眼金睛",能够在复杂谜像中洞悉本质,在千头万绪中找到路径。

三是协调事务的能力。沟通协调能力是一种很重要的工作能力,不仅需要坚定的信念,还需要有清晰的思路、得当的方法和沉稳的态度。这种能力是勇气和智慧的结合,敢于负责和善于做事的统一。因为工作性质所决定,我们经常要与多个部委、多个司局打交道,经常会就一些重大问题进行沟通协调。由于所处的岗位、思考的角度等不尽一致,发生意见分歧在所难免。青年同志要具备良好的沟通协调能力,能够正确处理工作中出现的矛盾和分歧,科学平衡各方面的利益关系,做到原则性和灵活性相结合;学会举重若轻、以退为进,善于以理服人、以诚感人。

四是促进和谐的能力。和谐是众心相知、众行相契的体现,代表着一种力量,也呈现着一种氛围。我曾经多次讲过,如果一个单位的风气良好,同事之间关系融洽、团结友爱,那么,在办公室就会感觉到每天的阳光都很灿烂,每天的空气都很新鲜。心情很舒畅,工作就有活力、有干劲。反之,你会感到面对每件事情都不如意,看见每个人都不高兴。一个团队和谐相处十分重要,而我们都是促进和谐的力量。经过努力,我司已经形成了团结和谐的工作局面,但这种局面需要巩固、需要强化。青年同志应该起带头作用,自觉承担起促进和谐的职责。换句话说,我们要进一步提高促进和谐的能力。为此,我们需要严于律己、宽以待人;需要见难就上,遇困就帮;需要将心比心,换位思考。但我还要特别强调一点,就是我希望大家在保持朝气、锐气和活力的同时,还要培养一点幽默感。幽默感源自品性修养,也来自底蕴阅历，是一种重要的素质。幽默感不仅能愉悦自己，也能愉悦别人，能变尴尬为快乐，在有时甚至能化干戈为玉帛。其实所谓幽默感，并非都是要像相声演员那样"说学逗唱"，简单起来，就是在关键时刻的开颜一笑、善意一俏，而我们大家都是具备这种能力的。

五是要稳定家庭的能力。家庭是大后方，是幸福与动力的重要来源。家稳根基固，家和万事兴。受年龄、阅历等的影响，青年同志感情较为丰富，定力不够强大，容易受到外部因素的影响。因此，面对环境的变化和一些新兴思潮的侵扰，稳定好家庭，塑造好家庭就显得十分重要。而能否构建起一个长久的安全的幸福的"港湾"，就成了一种重要的能力。在这方面，要有正确的思想认识。弗洛姆在《爱的艺术》里提到，爱情首先是给而不是得，除此外，爱情还有与其他所有爱的形式共具的要素，即关心、责任心、尊重和了解。与此同时，我们还要认识到，家庭的发展与事业的建树不是分割的，而是相辅相成的。所以，青年同志不仅要积极工作，还要热爱和经营好家庭。要牢固树立对家庭的责任心，提升对家人的包容度和亲和力，积极营造温暖、和谐的家庭氛围，使家庭成为我们干事业创业绩的有力支柱和坚固基石。

各种能力的培养和锻造，是以提高自身素质为基础和前提的。不仅要有优良的思想道德素质，而且要有精湛厚实的业务素质。因此，我们的青年同志一定要把学习放在十分突出的位置，通过持续学习，不断强化本领。作为国家公务员，要深入学习和系统把握党和国家的方针政策，深入学习和科学把握中国特色社会主义理论体系，深入学习和精准把握与自身工作相关的业务知识。在此基础上，我建议大家读点杂书。开卷有益。大家应该都记得培根在《论读书》中说的那段话:"读史使人明智,读诗使人灵秀,数学使人周密,科学使人深刻,伦理学使人庄重,逻辑修辞使人善辩",多方面知识的消化吸收和融会贯通,对大家的成长发展会非常有益。在学习上不仅要持之以恒,而且要求根问底,不能浅尝辄止、人云亦云。我们上中学时就读过苏轼写的《石钟山记》,这是一篇探究江西石钟山得名来由的游记。许多名人对石钟山名字由来都曾经探讨过,比较著名的是李渤和郦道元。苏轼送儿子上任时,亲自驾着小船到湖中考察,得出结论后在文章的末尾写道:"余是以记之,盖叹郦元之简,而笑李渤之陋也。"虽然苏轼的结论也并不准确,但他作为大文学家穷追不舍的钻研精神是值得我们认真学习的。当然,司里今后也将尽力为青年同志多创造一些培训和锻炼的机会,鼓励大家多参加一些报告会、研讨会和座谈会,还会支持大家多开展一些重要课题的研究,通过多种途径,帮助大家不断提高理论水平和业务素质。

要有一点风骨

革命前辈方志敏被捕入狱后,不畏敌人的屠刀,在随时可能被杀害的关头,写下了流传千古的《可爱的中国》《清贫》等优秀作品,充分展现了一名共产党员的铮铮铁骨和高尚情操。在中国历史上,不少仁人志士以其英雄壮举,展现出了自己的凛然风骨。如文天祥,"人生自古谁无死,留取丹心照汗青";如于谦,"粉身碎骨浑不怕,要留清白在人间";如谭嗣同,"我自横刀向天笑,去留肝胆两昆仑"等。人是要有一点风骨的，风骨是一个人的重要品德，建立在坚定的信仰和超常的毅力基础之上。青年人尤其是要注重风骨的打磨、塑造。当然，风骨并不都体现在临危不惧、宁死不屈上。在日常工作生活中，处处都可见风骨。我以为在今天，我们青年同志要特别注重打造和磨炼五个方面的风骨。

一是要经得住考验。人生在世，总会面对各种不确定的因素，这些不确定的因素带来的影响并不一定都符合自己的心意。而作为国家工作人员，其中也包括来自组织的考验。我们要正确对待工作、生活中遇到的困难和挫折，做到不逃避、不退缩，勇敢面对、妥善处理。要正确对待组织的安排以及相关利益的调整。因为工作需要，要求你承担一些棘手的甚至有风险的任务；因为情况的变化，你的一些切身利益会暂时受到影响，对此都要以正确的心态去面对。欲成大事者，必须经得起各种各样的考验和历练，如古语所说，"故天将降大任于斯人也，必先苦其心志，劳其筋骨，饿其体肤，空乏其身，行拂乱其所为，所以动心忍性，曾益其所不能"。

二是要耐得住寂寞。甘于坐冷板凳，执着于做好一件事情而久久为功，也是一种重要的品德和风骨。在当前浮华焦躁的社会环境下更需要有这种风骨。大家都知道王国维在《人间词话》中讲过的话，即"古今之成大事业、大学问者，必经过三种境界"：第一境界是"昨夜西风凋碧树。独上高楼、望尽天涯路"，意思是首先要有执着的追求，登高望远、瞰察路径，明确目标与方向；第二境界是"衣带渐宽终不悔，为伊销得人憔悴"，意思是必须坚定不移，辛勤努力，孜孜以求，直至人瘦带宽也不后悔；第三境界是"众里寻他千百度，蓦然回首，那人却在，灯火阑珊处"，意思是只要反复追寻研究，下足功夫，自然会有务实的发现和非凡的所得。青年同志也应树立这三种境界，静心定力、敦本务实地做好每项工作，并努力做出成绩、形成标杆。不要"见一行、爱一行"，不要"这山望着那山高"，要有"铁杵磨成针"的耐力，要有"面壁十年图破壁"的韧劲。

三是要顶得住诱惑。市场经济大潮之中，既有翻天覆地的事业又有翻云覆雨的诱惑。金钱、权利、美色等的裹挟之中存在着巨大的张力。经不住诱惑，就会摔跟头、毁前程。对青年同志们来说，尤其要把握这一点。许多同志刚刚走出校门，涉世未深，且手中掌握着一些权力，容易成为心机不良的人的围猎对象。元人张养浩曾感叹："且自古居相位者，未闻死于冻饿，而死于财、于酒、于色，于逸乐者，无代无之"。居相位者尚且如此，何况普通人群？作为年轻人，我们的头脑要更清醒，行为要更严谨。在这方面，脑中要有一根弦、心里要有一把锁，任何时候都不能忘记身份，丧失警惕；任何时候都要廉洁自律，奉公守法。如果在廉政上出了问题，不仅个人的前途会毁于一旦，还会累及家庭，导致家破人散。

四是要受得起委屈。人生漫漫，难以一帆风顺，有得意顺心之时，也会有失魂落魄之季。有时的挫折，来自于受人误解、被人错待。在面临不公正待遇时，我们要受得起委屈。青年同志血气方刚，眼里容不得沙子，就更要注重这一点。要辩证地淡然地看待人事，做到胸襟开阔、知足常乐。要懂得"苦乐由心"的道理，要追求"有容乃大"的境界。对待工作多用比较思维思考，努力向高标准看齐，做到不断进取；对不公正的境遇，多用逆向思维思考，常想位高权重之弊，知晓退守之乐；对待人事矛盾，多用交换思维思考，设身处地为人着想，以求开心释怀。

五是要承得起变化。变化是个规律，世界上惟一不变的就是不断变化。我们在机关工作，难免会遇到机构改革、岗位调整和工作变动之类的事情。要正确对待、冷静处理。面对变化，一方面要冷静对待，不辱使命。"我是一块砖，任随组织搬"，干一行，敬一行，做好一行。当然，我们也要相信是金子在哪儿都会发光，要有"天生我才必有用""天涯何处无芳草"的自信。另一方面要注重平时，不断提升。应对千变万化的关键法宝是武艺高强。如果我们素质好、能力强，我们就不怕变动，并且能在变动中抓住机会、赢得主动。正所谓"不管风吹浪打，胜似闲庭信步"。因此，还是前面所提到的，我们必须持之以恒的学习和磨炼，不断增加知识积累，不断提升工作能力，真正练就一身过人的本领。

我要讲的就是这样三个"一点"，供大家参考批评。长风破巨浪、扬帆正当时。我们正处在一个日新月异的时代，我们正从事感天动地的事业，青年同志是国家的希望，是各项工作的重要支撑。希望大家高扬起奋斗的臂膀，用青春的智慧和力量，去谱写国家发展的新篇章，为地区经济发展作出积极贡献，也为我司工作不断迈向新台阶提供更加强劲的能量。

责任　程序　理解[*]

今天的总结会开得很好，两位司领导分别就业务工作和党支部工作作了报告，各处室负责人对上半年的工作作了全面回顾，同志们的发言都很好。我的感觉是两句话：第一句话，会议对前一阶段的工作做了认真的总结。事实表明，我司这两年的工作有了显著的进步，今年前几个月的工作也取得了较大的成绩，对此同志们参与其中也有目共睹。这次机构改革，国务院赋予我委促进区域协调发展的重要职能，明确了我司的一些新职责，应该说，这一结果与全司同志的努力是密不可分的。总结增强了我们的事业荣誉感，也进一步坚定了我们做好工作的信心。第二句话，会议对未来的工作做了比较深入的思考。我注意

---

[*] 本文系作者于 2008 年 9 月 6 日在国家发展和改革委员会地区经济司 2008 年上半年工作总结会上的讲话。

到，各位在发言中，不仅讲了我们所开展的工作和取得的成绩，还对未来进一步开拓地区经济工作的新局面提出了意见和建议。有些意见和建议具有一定高度和前瞻性，给人以深刻的启发。透过这些意见

2011年，作者在地方做扶贫工作调研

和建议，我也感觉到，我们必须树立警醒意识，清醒认识地区经济工作面临的严峻形势和尖锐挑战，如此才能促使我们把工作做得更扎实、更深入。对具体工作大家也谈了很多，有不少新的内容。我想，发扬成绩、迎接挑战、开创工作新局面，需要一些关键的因素作保障。我认为最主要的有两点：第一是素质；第二是制度。要使我司的工作不断攀上新高度，必须把握这两点。

2007年初，我们召开了一次重要的务虚会，那次会议开得很好，讨论了很多大问题。我在作会议总结的时候，重点讲了五个方面的问题，即地区工作的基础、主线、重点、方式和作风问题。那次务虚会是具有历史性意义的，对这两年来的工作发挥了重要作用。所以，今天我还是讲务虚，打算结合前面提到的素质、制度两个关键方面的解析三个词汇，这三个词汇似乎互不联系，也似乎有点虚化，但我认为，要做好大家所提出的工作思路和工作建议，需要实践好这三个词汇。

第一个词：责任

我们每一位同志总是具有一种或几种身份的，因此也就产生了相应的责任。实现相关责任有赖法律规制约束，但更重要的是依靠我们的自觉行为，依靠我们的辛勤创造。尽管每个人身份有不同、级别有高低、地位有区别，但责任总是必需的，责任也是重要的。为此，每个人都应牢固树立责任意识，而责任能够衍生出很多积极功能、解决很多突出问题。

首先，责任出动力。责任意识是创业建功的动源。有了高度的责任感，你总能感到有一股力量推动你奋勇前行，去干一番事业，并且尽最大能力去把事业干好。有了责任，你的工作积极性、主动性和创造性会自然迸发，正所谓"不需扬鞭自奋蹄、三更灯火五更鸡"，会一门心思扑到本职工作上，力求做得扎实和出色，也总是充满着火热的激情和光芒四射的活力。

其次，责任出智慧。责任意识是启迪心智的钥匙。有了高度的责任感，你就会自觉的研究事情、琢磨问题。自然也会开动脑筋，思索办法，勤做功课，勇探路径，在这个过程中，你的才能得到激发，思想得到升华，知识得到完善，本领得到锻造。你会品尝到脑洞大开的快乐，你也会得到眼前一亮的顿悟。

复次，责任出奉献。责任意识是克己奉公的推力。有了高度的责任感，你会爱岗敬业，把职业当事业干，把公务当私事办；你会迎难而上，敢于直面棘手的问题，敢于排解复杂的利益关系；你会勇于牺牲、不计得失、不图名利；你会鞠躬尽瘁，竭尽全力为国家工作、为人民服务。

再次，责任出效率。责任意识是增效聚能的催化剂。有了高度的责任感，你就不会怨天尤人，一味等、靠、要；也不会拖延迟缓、推诿扯皮，更不会敷衍塞责、得过且过，做一天和尚撞一天钟。相反，你会有"一万年太久、只争朝夕"的紧迫感，有把一分钟掰成几瓣用的效率意识。你会用你的进展状况来检验付出的质量、用效益来衡量自己的能力。

最后，责任出勤奋。责任意识是任劳任怨的支撑。有了高度的责任感，你就会勤勤恳恳，吃苦耐劳；你会潜心做事，一丝不苟；你会重活累活抢着干，难事险事冲在前。你所想的，是怎样才能不辱没自己所在岗位担负的使命，是怎样才能为这个集体多作一些贡献。

我们要恪守"责任"这个词，把自己的能力发挥到极致，站在一个全新的基点上思考、谋划、创新、推动地区经济区工作。这样，我们的工作才就会做得圆满和出色，才能为国家发展和人民福祉奉献一份力量。

第二个词：程序

程序是工作开展的步骤、顺序，是一种规则，也是一种制度，我们要干好工作，必须遵循基本的程序。在下一步工作中，我们需要进一步完善程序，也要更加严格的遵守程序，而程序带来的益处也是多方面的。

首先，程序保质量。程序的意义，不仅在于一道道把关，也是一次次添智。立于每一道程序之后的是处在不同层级、知识结构多元并且各具业务优势的专业干部，通过规范的运行过程，就可以使我们各项工作的质量保持在一个比较高的水平上。反过来看,不履行一定的程序,工作质量就很难有保证。当前,我们的实际工作任务是相当繁重的,不仅多而且重要程度也显著提升。以前主要的工作是处理司局之间的文函,时间上比较充裕,质量高一点低一点也不影响大局。现在不同了,上级交办的重大事项大幅增长,也都是我们主办,如果不按程序办,以原来的态度、节奏和方式办理,就容易影响办件质量。某人的水平或者最低层级的办事员水平就成为司里的水平,他的工作质量就成为整体的办件质量。由于不遵守办理程序,有些文件就出了质量问题,委领导也批评过。严格遵守程序就能做到一级级把关、一级级提升,从而确保每一个办件就能反映整个地区司的办件质量,既不是某个科长的水平,也不是某个司长的水平。经过努力,我们的程序意识明显增强,但还应当加以巩固提升,尤其是司处级干部要严格履行好职责,不能看也不看,划个圈了事。

  其次,程序堵漏洞。漏洞问题也是质量问题,但比一般质量问题更为严重。漏洞问题有错别字问题、语句不通顺问题、数据引用不精准问题,但更重要的是思想内容和工作思路正确准确与否的问题。这方面把握不好就会酿成大祸,带来不可收拾的后果。严格程序就有利于解决这些问题。一个单位办出去的文件,其基本观点在思想政策方面要体现国家战略要求,在业务管理方面要体现职责使命,不能率性而为、主观行事。在不熟悉全司业务的情况下,通过层层把关就能解决以偏概全、以己代人的问题。否则,就可能出现个人观点成为处室观点进而成为全司观点的问题,这样就很容易出问题。在一般情况下,它会影响单位间的正常关系,因为个人观点并不都是客观的、准确的,以单位名义出现就会给别的部门造成误解,进而形成矛盾;在严重的情况下，就会导致经济社会活动的处置失误，给党和国家的事业与信誉造成严重影响。这两年来，我们在司里推动公开运行、联合办件等举措，尽量使大家熟悉全司的业务，帮助大家打造多元化本领，这在一定程度上培养了大家的全局视野，丰富了大家的全方位业务信息知识，有利于大家科学办件和准确对外宣传介绍，为我们按程序办理进一步奠定了扎实的基础，但不能因此对程序有半点疏忽。严格程序是为了减少文字谬漏，也是为了使大家在办理事项时把握正确的思路，提出科学的指导意见。也就是堵住决策上的漏洞。

  再次，程序防腐败。这一点也十分重要。坚持程序也是形成相互监督制约，而这有利于防止个人专权谋利、随心所欲。我们讲防漏洞，其实最大的漏洞在于制度漏洞，因而坚持程序一定程度上是堵塞制度漏洞。我司负责扶贫开发、重点流域治理和三峡地质灾害防治等事项的审批权和资金分配权，拥有实实在在的权力。另外，这两年来不仅在这些方面的实权进一步扩大了，而且许多比较虚的事项也越做越实，制定区域发展战略规划和文件等就是如此。现在到司里访问的地方领导，包括省级领导、市级领导络绎不绝，几乎每天都有，很大一部分同志是为争取地方发展战略规划或政策平台而来。我们出台的促进区域发展的文件和规划里，往往会写到重点发展哪些产业、重点支持哪些行业、重点投资哪些领域，这意味着我们手中握有了新的权力。由于涉及面较宽，因而这种权力实际上还很大。举两个具体的例子，刚才有的同志谈到了，各方面对最近我委研究制订的促进宁夏经济社会发展的意见反映很好。国务院常务会议讨论时我在现场，国务院领导同志对这个文件给予了高度评价，说写得很实；宁夏的同志也很满意，特别感谢我们所做的工作。所谓实，除了提出的发展目标、原则、路径等符合当地发展实际外,也包括提出了许多涉及政策支持、项目布局和投资安排的务实举措,这是文件。规划方面也是一样,我司主持制订的《广西北部湾经济区发展规划》也很实,包括要在某些地区建立大型炼油基地、建设精细化工基地以及组建一批新的投融资公司、探索建立产业投资基金等都明确写在上面,这些都是很实在的内容。无论管实的还是虚的,现在我们都把它们做实了,都体现为政策、项目或资金,含金量很高。而含金量越高,就意味着我们拥有的权力越大,因而也越容易成为寻租和围猎的对象。在这样的工作岗位上,如果没有必要的制度进行严格制约,如果受私心驱使,或者被别人推动,就很容易犯错误、出问题,导致腐败。所以,程序是预防腐败的重要保证。这几年我们召开了很多会议,制定了许多规章制度,目的就在于防止腐败、严控漏洞。我在决策方面不搞一言堂的重要原因也在于此。集体决策、分工负责不仅能发挥大家的积极性创造性,还能够减轻我的工作负担,防范个人犯错的风险,何乐而不为呢?有的人揽权,我是尽量放权。在司民主生活会上,一些司处级干部都说,我能发扬民主,遇事都与大家商量沟通。从我的角度而言,这样做有两个考虑:一个是集思广益。大家从多个角度看问题,会看得更准确。第二就是防范风险。权力大责任就大,分权能分散压力,也能减轻责任,一个人决策和集体决策、商量决策的责任风险是完全不一样的,工作的实际效果也会不一样。这是说心里话。作为一把手,有些事项我的确可以一个人决策,无非是在年底民主生活会上有人说我不发扬民主而已,但是我决不搞这套东西,搞独断专行其实是自设陷阱。我们要搞的是操作的公开化、决策的透明性,能让大家参与的都鼓励大家参与,全面发挥每个人的积极性,这不仅能使大家都保持心情舒畅,也能让大家为我们分担一些责任，同时监督我们开展阳光操作。有了这样的程序，就能做到不犯错误，杜绝腐败。

最后，程序增和谐。程序不仅能厘清责任，也理顺了各层级间的关系。有了程序，照章办事，就能减少推诿扯皮、懒散拖沓，积极履行责任，该自主的自主，该请示的请示，该汇报的汇报，该传达的传达，该沟通的沟通。这样做不仅带来了上下级之间的相互尊重，也促进了参与各方的认知和理解，是一个增强融合、推动和谐的过程。显然，程序对增进团结和谐也是很重要的。

程序本身有一个科学设计的问题，我们要本着高效、安全、保质等原则进一步优化，还要总结经验教训，体现继承与创新的有机结合。当前我司的工作任务十分繁重，一个接一个的战略规划和政策文件的制定、一个接一个的重要办理事项，完全按"三定"职能规定都压给某一个处肯定不行。这次研制广东珠江三角洲改革发展规划的任务就很重，规划处最近工作事项繁多，就必须让其他处室也一起上，争取在编制工作上争取主动，打一个时间差。我批办文件也是这样，既遵守了司里原来留下来的某些传统，又提高了工作效率。一般来讲，司长批文会直接批给相关副司长，副司长再批给相关处室，但地区经济司的传统是谁主持工作就直接批到哪个处办，这样做能够缩短运转时间、提高工作效率，因此我也照办了。但是也有改进，一是综合处要全面掌握流程信息，通过《每日工作信息》或其他途径及时与司长或主管司长报告通气；二是处理文件完成后向委里报送时要层层把关，不能漏掉必要的环节。同时，我们强调与时俱进的完善创新，并不意味着可以随意破坏一般的运行规则。打个比方，平时我和司里的每位同志都可以很灵活很随便进行交流沟通，但是除非比较特殊的状况，我在批文的时候，一定不会直接批给某个处长或者科员。

第三个词：理解

要做好我们的事情，开创地区工作的新局面，理解很重要。同志们在发言中多次谈到，这两年我们司更加团结、更加和谐了，工作战斗力也更强了，我认为相互间增进了理解是形成这种状况的一个重要原因。但是要面对更严峻的挑战、担负起更艰巨的任务，我们还需要进一步增进理解。今天，我在这里特别强调理解一词，也在于对此有如下一些思想认识。

第一，理解生感恩。刚才，好几位同志在发言中都提到了感谢、感恩这两个词。我想，只要相互理解，就一定会产生感恩的心情。目前由于管理制度存在一些不完善的地方，因而对一些事情的处理并不能都做到十分的公平。但我可以在这里对同志们表个态，但凡我们有更大一点的资源配置能力的话，我们司班子一定会把事情处理得尽量好一点，而所谓好的最重要的内涵就是"公平"。在目前，把一切事情都做到公平公正还是我们力所不能及的。前面谈到，这次机构改革给我司增加了许多的职能，这是好事。但是司里的编制和职数并没有增加，为履行好职责，大家就得加班加点干。作为司长，我心疼大家，但控制不了。我也不希望同志们天天加班，但我也控制不了。我能保证的就是，努力为大家创造公平的机会，让每一位同志通过这些机会体会和实现自己的价值。大家呢，则要学会理解，增进理解。要心有知足，看到进步与变化，用心体会新的环境给我们带来的好处；要换位思考，积极看待别人所做的努力，认识到制度建设的难处与实现公平公正的不易；如此等等。要从这样的角度来认识或考虑问题，积极看待环境的变化，看到别人的奉献和付出，从而始终充满感激与回报之情。

第二，理解释心气。有了理解，你的心情往往会更加和顺，从而既能正确对待自己，也能正确对待别人。有一位领导曾给我说过这样一个道理，他说如果把我们的心情比作是"掰手腕"的话，需要记住这样一个做人的哲学，即一不要跟自己"掰手腕"，也就是自己不要跟自己较劲，心情舒畅是一天，愁眉苦脸也是一天；二不要跟别人"掰手腕"，特别是跟组织"掰手腕"。"掰手腕"解决不了问题，还会进一步增添烦恼。在这方面，胸怀要大一点，看得要远一点。与其去跟自己跟别人跟组织去"掰手腕"，还不如多些理解，多努力工作、多创造条件去把握新的机会。我认为，理解能释放心气，心气顺了，就不会看任何人都不顺眼、做任何事都嫌烦，也会正确对待批评、正确对待名利。我跟大家说句心里话，司班子给大家创造的气氛是很宽松的，同时我们对大家的要求也是很严格的，尤其是我本人对大家工作的要求标准较高，一些同志也因为某件事情办理不周全而被我批评过。但是如果充分理解的话，你就会认识到：一则，司长批评是为了把这件事做好，也是就事论事；二则，司里同志做出的每一件错事，都会算作是地区经济司的错误，最终承担责任的都会是司长。处室工作也是这样，最终是处长对每一件工作负责。如果你能这样理解，心里就会少很多怨气，多一些理解和支持。

第三，理解促团结。有了理解，就会从大局出发，不计较自身得失；会基于本质看待问题，不求全责备；也会积极助人，主动增进合作。理解是加强团结的重要推手和有力保障。我多次跟大家说过，组织上提拔干部的时候，同志们能比较公正谈意见，能比较客观地投票，很重要的一个因素就是大家在坚守基本原则前提下的相互理解。如果无视人的本质特性或主要优点，纠住小毛病不放，提拔这个人的时候，说毛病一大堆，提拔那个人的时候，也说毛病一大堆，那组织上就不好提拔了。如此下去大家都提拔不了，也都被耽误了。有了理解，就会摆脱个人偏见与狭隘观念，在关键时候敢于为人说好话，敢于有情操作，让真正能干的同志得到重用，让任劳任怨的同志享受公正。我们今天的会议更像一个讨论会，大家无所顾忌、畅所欲言地提出了这么多建设性的意见，我想就是出于理解。综合处编印的会议材料考虑得也很周到，我了解地区经济司以前的会议材料就没有这么规范过，但如果看了这个材料后，你还指责它，例如说白皮的封面不好看质问为什么不印成红皮的，那就有点不近人情了。因此，保持司里团结和谐、不断提升战斗力，必须强化相互间的理解和支持。

第四，理解知不足。我刚到司里时就强调，要发挥每一位同志的积极性。老同志有老同志的优点，老同志经验丰富、考虑问题比较全面、办事比较扎实；年轻同志有年轻同志的优点，年轻同志有朝气、敢创新、办事效率很高。可以说各有优势，老同志和年轻同志要相互理解，在对比中看到自己不足，从而相互学习，共同提高。2008年6月司里召开青年干部座谈会时，我和司主管负责同志都提出了一些建议与要求。既然是要求，也就意味着在许多方面年轻同志还存有不足，需要培养提升。希望年轻的同志们能认识到这一点。理解还需要审视比较，在审视比较中认识到自己的不足与差距。我们每位同志要经常问问自己为司里做了些什么，为处里做了些什么，为大家做了些什么；如果缺少了我，司里、处里是否会遭受较大损失；我是司里运转的负面因素还是支撑条件，等等。多审视自己的不足，也同时多想想别人的优点，在比较中不断提升自己的工作能动性创造性。大家都这样做，全司的凝聚力和战斗力就提升了。

第五，理解出服务。服务要讲究重点，重点工作要重点服务。刚到司里的时候，我了解到司里大量的办件都是司局之间的，大部分是就涉及我司职能的部分提意见，所以我提出要删繁就简，抓住重点兼顾其他，不要同等用力，要求大家分辨哪些件该全力以赴地办，哪些该技术性地办，哪些该礼节性地办。这样做既可以减轻大家的工作负担，又可以把腾出时间集中做好司里的主体业务。如果我们一年能制定出几个、十几个或更多的高质量的文件来，地区经济司的形象就出来了，今天，我们已经成功地做到了。但这也是建立理解的基础之上的：要增强对大势大局的理解、增强对工作职责和运行格局的理解，有了这种理解就能合理有效地和有区别地开展服务。还有一种服务，也是基于理解之上的，这就是对地方的服务，这涉及"小"和"大"两个方面。从"小"的方面说，是温情对来各地来访的同志。我反复提醒大家，地方的同志到司里来了，我们要切实做好服务，要给人家倒杯开水，要把人家送到电梯口等。这样的事情做不做，来访同志的感觉会很不一样。换位思考，我们也要搞好这类服务。假如是你作为地方同志前来汇报工作，别人爱理不理的，你会是什么感受呢？这些事做起来并不难，但因为很少有人做，所以我们稍有改善，人家就觉得很不一般。对这些小事，我们地区经济司要积极做好。这两年大家注意了这点，到过司里的地方领导同志都给予了较好的评价，他们说愿意到地区经济司来，地区经济司的同志办事周到、为人亲切。从"大"的方面看，是主动为地方发展出谋划策。我委是党中央、国务院的参谋助手，我们的职责就是促进国民经济更好更快的发展。那么国家发展来自哪里？自然来自于各个地区的发展。要促进地区发展，我们是应该以管理或把关的名义进行压、卡，还是应该主动献计献策进行促、推，不是很清楚的吗？我们提出"善于做事、多做善事"的工作方针，就是为了促进地方加快发展，而最终目的则是为了促进国家发展。因此，我们要进一步摆正位置，进一步转变思想和工作作风，更好地理解地方，特别是充分考虑他们的难处，从而更好地为地方提供服务。

在今天的总结会上，我不谈具体工作，过后的司长会、司务会、地区经济系统工作会议等都会把具体工作逐一部署好。我重点讲这样三个词。现在大家可能感知到了，这些方面正是我们所需要的。时刻把这三个词牢记在的心里，并切实落实到行动上，我们就能克服面对的各种困难和挑战，推动地区工作迈上新的台阶，我们司也将会成为一个更加和谐、更加团结、更加有力量的战斗集体。

最后我想说，总结会虽然历时较短，但内容丰富，开得很扎实。我们感谢大家对我们的表扬，但更注重大家提的意见和建议。会后，我们会与大家一块认真研究梳理这些建议，采取必要的措施积极加以解决。我们确立了新的定位、形成了新的格局、树立了新的形象，也集聚了新的能力，但是面对新的挑战，我们要做的事情还很多，今后的工作也会更艰巨。我们要进一步健全机制、突出重点，坚持用埋头苦干、开拓创新，去夺取更优的成绩、赢得更大的胜利。

始终站在理论、思想和文化的前线*

《前线》创刊以来已经走过了50个不平凡的年头。虽然我几乎与《前线》同龄,但我与《前线》结缘,却只是在十多年前。然而古人说得好:"白头如新,倾盖如故。"我与《前线》可以说是一见如故,仿佛已经共同携手走过了50年的时光。

在我的印象中,多年来《前线》始终坚持站在国家改革和发展的理论前沿,围绕国家和首都的经济建设、政治建设、文化建设、社会建设以及党的建设等重点领域,按照重点板块分栏目遴选刊发了一批精品文章,在倡导主流舆论、加强理论宣传、辅导理论学习、研究前沿问题等方面发挥了党刊的引领和推动作用。可以说,无论是

---

* 本文写于2008年8月,是作者受邀为《前线》杂志创刊50周年所写的特稿。

■ 2006年，中共中央党校中青班（第22期）部分学员合影

从理论高度和研究深度看，还是从刊物形式和编辑技巧看，《前线》都具有鲜明的特点，有着很强的时代感敏锐度和可读性。所谓时代感，就是50年来《前线》适应历史发展的需要，紧紧跟随时代脉搏的跳动，具有鲜明的时代特征。如果我们把每一期《前线》杂志串起来读，就是一部我国发展改革的历史、一段我党理论探索历程的缩影。所谓敏锐度，就是每逢党的重要会议和重大理论创新的关键时期，《前线》都在第一时间刊载一批高水平的理论文章，从不同角度对党的重大理论创新进行解读和阐释，引导大家深刻理解和准确把握理论的内涵。所谓可读性，就是《前线》作为党刊，并没有摆出高高在上的态度，以教导训话的口吻来说教，而无论是在栏目编排，还是在文体风格上，《前线》都十分注重体现大众化和亲和力。对读者来讲，经常能够发现

一些格调颇高、文笔优美针砭时弊、倡导真善美的杂文随笔，让人在不知不觉间启迪思想、获取知识和提升文化生活品味，可谓有益、有趣、可信、可亲。

一个好的刊物，自然既不乏读者，当然也不缺作者。作为读者，坦率地讲，由于工作繁忙的原因，我算不上一名合格的读者，平时也难得有专门的时间来仔细阅读，只是对那些与工作密切相关的文章以及自己比较关注的问题，才会仔细品味。尽管如此，我还是感觉到读《前线》既能引人深入思考，又能让人放松心情，是一件快乐而有意义的事情。

作为作者，承蒙厚爱，从1995年复刊起，《前线》时常约请我就一些理论热点和难点问题发表观点和看法。一旦应承下来，我都会认真准备，尽力把文章写好。所写的文章中，大都以改革为主题。而作为阐述改革的文章，大体都会有些棱角，但《前线》作为党刊，虽然有着很强的政治性要求，却没有嫌弃这些有棱角的文章。这种信任的态度和可贵的勇气，时常让我感动，也深受鼓舞。在包括为《前线》在内的一些刊物撰写改革文章的过程中，我常常想，尽管我国的改革被称为"摸着石头过河"，我们也不能犯"盲人摸象"的错误。身为一个改革工作者，肩负着为整个民族探索发展道路的历史重任，我们绝不能"以其昏昏，使人昭昭"，而是要将改革的总体方向把握准确，将改革进程的每一个具体环节都考虑清楚，将改革可能遇到的风险和阻力都研究透彻。只有这样，才能引导改革的航船驶向正确的航向。基于这种考虑，我往往把撰稿的过程看作是整理工作思路和进一步深入思考的过程，甚至把它看作是总结我从事改革事业心路历程的过程。因此，表面上是发表了一篇文章，而背后则是许多意想不到的实质性收获。

50华诞,对于一个人来说,意味着进入了"知天命"的阶段。而对于一个刊物来说,则可能正处于青春勃发、大展才华的青年时期。在我国全面建设小康社会、加快推进社会主义现代化建设的关键时期,在推动社会主义文化大发展大繁荣的背景下,《前线》面临着难得的发展机遇。作为一个与《前线》相知相伴多年的读者和作者,我衷心希望《前线》能够响应时代的召唤,百尺竿头,更进一步,继续走在同类刊物的前列,办成国内外知名的精品杂志。做到这一点,《前线》就要进一步突出弘扬理论主旋律,加强党的理论研究、宣传和解读,特别是着力宣传科学发展观,让科学发展的理念深入人心,做好重大理论的传播者;就要进一步强化学术性特征,加大哲学社会科学热点问题讨论和分析的分量,按照深化改革开放的要求,用改革的视角去观察社会、研究问题和探讨理论,用开放的态度去面对问题、处理事务和化解难题,做好前沿思想的探路者;就要进一步倡导先进文化,致力于建设社会主义核心价值体系、培育文明风尚、弘扬中华传统文化推进文化创新,大力宣传和谐文化,为建立民主法治、公平正义、诚信友爱、充满活力、安定有序、人与自然和谐相处的和谐社会摇旗呐喊,做好先进文化的传承者。唯其如此,才能真正站在理论、思想和文化的最前线,引领和推动时代发展和社会进步。

"却顾所来径,苍苍横翠微。"逝去的是时光,积淀的是财富。50年前,《前线》呱呱坠地,开始了曲折而光荣的成长历程;今天,《前线》又站在了新的起点上,走上了新征程。愿《前线》的明天更美好!

治学四要[*]

非常抱歉打乱了会议的程序，我插在前面讲话很不合适，因此，我要向排在我前面的李京文教授、高尚全教授和吴敬琏教授表示歉意。供职在国家机关身不由己，因另有开会任务，只能在这里停留一小会儿。匆匆而来只有一个目的，就是为了向张卓元、陆学艺、萧灼基、赵人伟、朱铁臻和方恭温6位德高望重的经济学家的75岁华诞说几句祝福和恭贺的话。

6位教授都是我十分敬重的经济学家，我与他们相识多年，在许多交往的场合都得到了他们的提携、教诲与各种形式的帮助，可以说是受益良多。其实他们对我的影响还可以追溯到我与他们熟识之前，我所以能走上经济学的研究道路，

---

[*] 本文系作者于2008年9月27日在"中国经济学家的历史使命研讨会"上的发言。

■ 作者在北京大学作学术报告时与老师、学生们留影

所以能写一些文章,提出一些观点和思路,与读他们写的经济学文章密切相关。当然,也包括学习其他经济学家的作品。从他们的作品汲取营养,获得智慧,站在他们的肩膀上前行。因此,在他们75周岁生日的时候,我要向他们表示诚挚的谢意和热烈的祝贺。

过去几十年特别是改革开放30年来,中国经济实现了伟大的转变,概括起来可以说是从封闭走向开放、从计划走向市场、从贫穷走向小康。今天的中国已拥有了前所未有的经济实力和前所未有的国际地位。中国之所以能取得今天这样的成就,得益于各个方面的努力,包括我们经济学家的努力,而6位经济学家所作出的贡献是特别的、突出的。当然，也正是因为有这么一个伟大的时代，才成就了一批卓有成就、堪称伟大的经济学家。尽管我们目前还没有一个经济学者登上诺贝尔经济学奖的领奖台，但是我认为我国的一些经济学家并不亚于获得这个奖项的外国经济学者，这里面有一个评价标准问题。我认为，最有说服力的评价标准应该是一个国家的发展成就。改革开放30年来，中国经济学家和其他中国人民一起，把一个落后的国家变成了今天经济总量位居前列、人民生活水平大幅度提高的有较强综合实力的国家。就凭这一点，中国经济学家是无愧于诺贝尔经济学奖的，或者至少其中的优秀代表是完全能够胜任诺贝尔经济学奖这个奖项的。

6位经济学家是我们学习的楷模，他们以自己的学术思想成就了一些领域的发展，推动了国家现代化建设，同时也成就了自身。为什么我们的经济学家队伍中间能出现如6位经济学家一样的杰出者？除了宽松的学术环境、个人的先天智慧之外，我以为有四个方面非常重要：第一，上得来。就是要站在历史的制高点上研究、分析和解决问题，站在向党、向国家、向社会、向历史负责的高度来建言献策，能把握历史前进的方向，能洞悉经济和社会发展的规律。第二，下得去。要深入基层，了解群众，要着眼实际，关注细节。不可以高高在上，不可以闭门造车，不可以唯书唯上，不可以故步自封。第三，承得起。要承得起压力，承得起诱惑，承得起艰辛，承得起一些难以承受的负担。第四，耐得住。要耐得住清贫，耐得住寂寞，能在纷至沓来的干扰和形形色色的诱惑中间守住执着，守住学者的良知，守住探索的锐气。做到了这些，我们的学术研究才能走向精深，学术大家才能不断涌现，而经济学也才能真正成为为国家和人民造福的我们时代的显学。

我们的国家正处于改革发展的转折时期，从改革的角度看，我们正在向建立完善的社会主义市场经济体制的目标冲刺；从发展的角度看，我们正在向建立全面小康社会和现代化强国的目标迈进。但我们眼前面临着很多困难，面临着一些复杂的问题，这些问题既有发展层面的问题，如城乡区域经济社会发展不平衡、经济增长的资源环境代价过大等，也有改革层面的问题，如政府职能转变不到位、企业制度不规范、市场体系不健全、收入分配制度不完善等。解决这些问题，需要全社会的共同努力，更需要担负着经世济邦之责任的经济学家们的努力。时代给我们难题，也给我们机遇，今天，应该是经济学家们大展才华的好时候，愿我们共同努力。

最后，我再次祝福6位经济学家，尽管已是75岁高龄，但是你们精神不老，思想不老，你们的学术探索不会终止，你们的思想创新不会终止。期待着你们老当益壮，在治学的道路上继续为我们特别是年轻的治学者们作出榜样、作出楷模。同时也希望你们在致力于学术探索的同时，更多地关爱自己的身体，享受我们正在构建的和谐社会所带来的快乐。

百尺竿头 再进取[*]

信息工作十分重要。以不同载体反映的各类信息是对外展示形象的窗口、交流工作的纽带、建言献策的渠道和集思广益的平台，从某种程度上说，是一个单位工作能力与业务水平的最直接体现。今天在这里专门召开信息工作会议，是为了庆祝我司网站访问量突破100万人次，也是为了总结我司近两年特别是2008年度信息工作，以进一步提高全司同志的认识，推动信息工作进一步迈上新台阶。刚才，司分管负责同志对我司2008年度信息工作作了全面总结，司里对去年信息工作表现突出的处室和个人给予了表彰和奖励，会议气氛很热烈，看得出同志们都很高兴。

---

[*] 本文系作者于2009年2月28日在庆祝国家发展和改革委员会地区经济司网站的访问量突破100万人次座谈会暨2008年度信息工作总结表彰会上的讲话。

作为司长，我比大家更为高兴。2008年我司外网信息、政务信息、《地区经济工作》简报等方面都取得了明显进步，对提高我司工作水平和外在形象，促进区域协调发展发挥了重要作用，的确可喜可贺。这是全司同志共同奋斗努力的结果，借此机会，我代表司领导班子向大家表示衷心的感谢。

大家应该记得，两年多前，我司信息工作在全委各司局综合排名中非常靠后，地区经济战线和司里许多重要的业务活动、工作成果以及同志们一些具有创意的思路建议等，难以通过有效渠道及时反映，这种状况一定程度上影响了我司对外良好形象的树立。2006年7月份，新一届司领导班子成立后，我主持召开的第一次司务会，就是研究信息工作。在那次司务会上，我们提出了要在3个月内使我司外网综合排名进入全委前十名的要求。当时同志们对达此目标还有一定的畏难情绪，认为在各单位激烈竞争的环境下，处于排名末梢的我司信息工作，要在3个月短时间大步跨进不太现实。但是，按照司务会的总体部署，各处室同志共同努力，在司务会召开后的第一个月就进入了全委前九名，第二个月便进入了全委前五名，第三个月点击量和综合排名都进入了全委前三名。两年来，我们这个名次不但保住了，而且还在稳步上升。目前，如果按照信息内容的质量、重要程度以及网站的点击量来看，我司的综合得分应该是名列前茅。当然，名次不能说明全部问题，也不是我们全部工作的目的所在，但毕竟也是反映工作成绩的一个直接标准和促进工作的一个重要手段，值得关注。

近两年来，我司的信息工作状态发生了根本转变，从最初感到畏难，到推一步走一步，再到比较主动自觉，发展到今天各处室的争先恐后、比学赶超。我司网站、《地区经济工作》等信息载体内容丰富，

■ 2009年2月26日，地区经济司司处长留影

质量较高，广受社会各界欢迎，成为了解国家促进区域协调发展思路的手段，成为了解我司工作思路与工作动态的重要渠道，我司的良好形象和独特风格也因此得到充分展示和积极弘扬。

　　我司信息工作之所以能够在短时间内跨入全委先进行列，一是得益于司领导的高度重视、身体力行。这一点是做好信息工作的重要保障。两年来，司领导班子一直将信息工作当作司内大事来抓，多次召开司长会、司务会和司长办公会，各位司领导除自觉主动撰写各类信息外，还时时督促主管处室努力做好信息工作，分管司长同志配合司长做了大量细致的工作，多次与各处室同志认真研究信息选题，并督促综合处推进相关协调工作。二是得益于各处室的积极努力、扎实工作。各处室都把信息工作当作重点任务，除了明确专人负责信息采编工作外还将年初确定的计划目标分解落实到个人，每一位同志都能主动作为，密切结合本处室职责做好选题和编写工作。三是得益于司内制度健全、监督有力。经过两年来的努力，我司逐渐形成了一整套完善的信息工作制度体系，包括督促制度、编报制度、审核制度、高效上网制度等，形成了司长、分管副司长、处长以及处室同志分工明确、有序运转的制度体系。总而言之，认识到位、领导重视、处室努力、制度完善是我司信息工作能在较短时间内取得骄人成绩的根本原因，也是推动我们下一步做好信息工作的重要保障。

关于总结表彰信息工作成果事宜，应该说一直摆在司领导班子的议事日程中。在2008年的年终总结会上我们做了第一次尝试，这次则是对我司信息工作的全面总结和表彰。客观来看，2008年各处室信息工作都非常出色，每位同志都很称职，全司没有落后的处室和个人，只有相对先进的处室和同志。大家在如此繁重的工作压力下，高度重视信息工作，取得了如此显著的成果，实在难能可贵。毫不夸张地说，每一篇信息稿件都是同志们心血的凝聚，都集中了大家的智慧。看似一篇小稿子，实际上包含了很多同志的辛勤劳动和付出。因此，我们在热烈祝贺大家取得其他方面工作的辉煌业绩的同时，也要衷心感谢每一位同志在信息工作中作出的积极贡献。刚才我们表彰了6位先进个人，但这6位同志的成就离不开各处室强有力的支撑。因此，这也是处室的光荣，是每一位同志的光荣。个人努力、团队协作，共同奋斗。

展望未来，地区经济工作越来越繁重，各方面对我们的期待和要求也越来越高。许多工作在没有开展的时候往往不会令人特别在意，但一旦做了，特别是达到一定水平、上了一个新高度之后，就被置于众目睽睽之下，无法再退缩了。当前如此宽阔的地区经济工作局面，是大家共同开拓的结果,如果哪一天工作领域萎缩了,不仅我们自己会很不习惯,恐怕连外面的同志都难以接受。从这个层面上看,信息工作跃上台阶当然是件好事,但同时也给我们带来了新的压力。目前,委里各司局在信息工作方面的竞争越来越激烈,比如高技术司、政策研究室等司局,原来都是排在后面的,但最近几年快速进步,现在都已经进入全委前五名。面对成绩和压力,我们唯有发挥百尺竿头更进一步的精神,才能切实维护好、发展好当前的好局面,才能不辜负各方面对我们的期待。

做好信息工作,还需要理进一步下深功夫、出硬招数。具体看,要在两个层面认真做到"六个一些"。

从业务层面看,要切实做到"三个一些"

一是信息表现形式再灵活一些。改善提升信息工作,关键是提升内容质量,但丰富形式表现也很重要,这方面还要很下功夫。比如,外网网站的版面设计可以得更新颖一些,政务信息的标题可以更靓丽一些,《地区经济工作》简报的内容呈现可以更精炼一些,同时也更鲜活一些。

二是信息内容再丰富一些。目前,我司各类信息一般性表述较多,深度分析较少;关于自身工作的报道较多,外界部门相关信息少特别是对我们相关工作的评述较少;国内内容较多,国外操作经验评价较少等。要在增强信息内容的丰富度方面再下一些功夫。

三是信息质量再提升一些。质量是生命,质量也是形象。我们在外网上发表了一条信息,全世界人也都知晓了相关情况。因此,在质量问题上马虎不得，内容要正确表述、表述要精准，连标点符号也不能出错。还要注意信息安全，既要及时反映我们所做的工作，又不能把不宜向外界散发的敏感信息透露出去。为此，要全面把握质量要求，把握好每一句话、每一个字，每一个思路观点，每一项操作细节，使信息内容充分反映出我们最高的工作水准。

从组织层面来看，也要做到"三个一些"

一是领导再重视一些。2008年我司政务信息工作取得了长足进步，这与司里多次开会研究、主管司长与各处室逐个确定选题、对个人明确任务有着直接的关系。这些好的做法要继续坚持。今天会后，司里还会召开专题会议，系统研究下一步特别是2009年信息工作，将全面作出部署，提出新要求。

二是编辑刊发再及时一些。新闻贵在"新"，信息要在"快"。无论是内外网信息、政务信息还是《地区经济工作》简报，编辑刊发都要应进一步提高效率。比如国务院审议通过了我们上报的某个文件，可以公开报道的，头一天通过，第二天我司的网站上就应该有所反映；《地区经济工作》可以稍慢一点，但原则上不应拖过3天。一些重要信息的及时报道，不仅可以让人们第一时间把握，而且也有利于工作上抢抓机遇。在这方面，要秉持能快则快的原则。

三是制度管理再严密一些。要进一步加强程序管理，处长、分管司长、信息主管司长，要对所有信息，尤其是对重要、敏感、涉及全局的信息严格把关，确保每个环节丝丝相扣、没有疏漏。通过严格的操作程序和责任制度提升信息质量和宣传效益。

总之，我们充分肯定我司 2008 年度信息工作，充分肯定各处室在这方面作出了积极的贡献。这次处里一些同志提出也要给司领导颁奖，我没有采纳，主要是基于两点考虑：一是司领导不能自己给自己颁奖，司里设立奖项主要是为鼓励处室同志的；二是刚才主管负责同志在总结中谈到，有的司领导的政务信息计划没有完成，我虽然写得多一点，完成了自己的任务，但对司班子整体的欠缺仍负有责任。所以，今年的信息工作重点，要转向抓司领导班子履行责任上，把我们自己的工作做好，以激励同志们能够继续努力，做得更好。

借助今天这个会议，我对进一步抓好司里信息工作谈了一些粗浅的意见，供大家参考把握。信息工作虽然不是我司的主体业务工作，但它具有强烈的引导性，是有益的催化剂，所以也不能马虎对待。我们要以抓好信息工作为契机，全面推进我司各项工作，持续开创地区经济工作的崭新局面。

人是需要一点精神的[*]

我有一种振兴家乡的冲动

马国川：我注意到，您很早就谈到，中国的学者需要克服偏执、自负，走出课堂，走出学校，去面向社会生活，了解实际。而中国的官员需要克服浮华和八股，能够沉下去，多学一点专门知识，多研究一些深层问题，成为专家。学者要有官员的务实，官员要有学者的深邃，这在某种意义上，可以称之为官学两兼。但实际生活中，官学两兼的人物很少，为什么？

范恒山：我很希望我们的官员有学者的睿智和深刻，我们的学者有官员的理性和务实。果若

---

[*] 本文系国庆60周年之际《经济观察报》记者马国川对作者的采访实录，原载《共和国一代访谈录》，华夏出版社2009年9月版。

如此，那么对于中国的发展将是大有益处的。但把这两者结合起来，的确很有难度。因为：第一，官员和学者遵循的规则不同，这会影响到其品格的相兼和素质的相融。学者要对经济社会环境及其变化表现出足够的敏锐性，因而应始终站在时代的前沿，对一些重要问题及时发表见解。而官员尽管也要审时度势，但同时也需要审慎理智，对许多热点问题需要"谨开口、慢开言"，即便形成了成熟的看法，说不说也得看条件和场合。两者不同的行为方式，久而久之就影响到了他们思考问题的角度、研究问题的深度和深钻细磨的自觉性。第二，官员和学者面对的任务不同，也会影响到其追求品格和素质的通融。官员面对的任务往往是庞杂的，且大部分需要在短时间内加以解决，其可控度和自由处理的空间较小。学者面对的任务，从内容、领域到时间和步骤，往往都是可控的，具有很强的自主性，某一方面的问题甚至可以作为一生的研究对象。第三，官员和学者承接的社会责任也不同。官员的行为往往会影响到一部分人群的利益，需要直接承担责任，因此他需要谨慎，而谨慎往往会形成浅尝辄止、见好就收和得过且过，避免因进一步的言行而节外生枝。而学者的言行大多不直接影响社会人群的利益，不需要为自己的言行直接承担责任。另外，由于身份不同，官员和学者的言行在社会人群中间的权威性也不一样，这些都会对官学相兼——准确地说是素质和品格相兼——产生难度，不仅兼起来不容易，而且两者在某些方面甚至是对立的。我们往往能看到这种状况，学者几乎总是在批评政府，说政府的这个决策不科学，那个政策欠考虑，而政府官员往往也批评学者脱离实际，只考虑应该做什么，不考虑只能做什么，在很多问题上没有反省意识，总是"事后诸葛亮"。

马国川：就是说，官学难兼也因为学者与官员的立场不同，学者往往站在批评政府的立场上，而官员则是站在维护政府的立场上。

范恒山：官员是政府的一员，理所当然地应该站在政府的立场上去考虑问题，去维护并执行政府的决策，这在任何国家都是一样的。不过，立场不同的确造成了两种角色间的冲突，进而影响到两者素质的兼容。由于上面我们谈到的一系列原因，在舆论上，人们对官员和学者两者的评价标准也往往是不一样的。正是因为上面谈到的一系列原因，很多人也愿意官学两兼，但在实际生活中能做到官学两兼的人很少。

马国川：人们都认为您是官学两兼较为成功的一个代表，为什么您能够把这两者兼顾起来呢？

范恒山：严格地说，我只是一个肯钻研、想深入思考一些问题，且时不时发表了一些个人思想见解的国家机关工作人员，是不是真正的官学两兼还很难说。并且做到这一点，也是有代价的，并不都很"成功"。当然，在人们的眼中，我的确是一个官学两兼的人，一般地，人们称我为学者型官员。假设这个说法成立的话，那么我想也主要是基于这么两点：第一，并非我有意为之，可以说是历史形成的。第二，与我个人的成长环境、追求和品性直接相关。另外，跟我研究问题的环境和角度也有密切联系，这一点下面我会跟你解释。

马国川：为什么说官学两兼与您成长的环境、追求和品性直接相关？

范恒山：俗话说"时势造英雄"，改动一下，可以说"环境造人生"，特别是小时候成长的环境至关重要，往往决定着一个人的秉性品格、追求发展和人生道路。我个人的体会是，过了30岁，品性和世界观就很难改变了。我出生的年代还是一个国家总体上比较贫困时期，有两个因素对我的品性和追求起了直接的作用：一是我家祖祖辈辈都是农民，且家境贫寒，没有东西可以依靠，唯有自己奋斗，所以我自小设立的人生信条是"自强、自励、自爱、自谦、自信"。二是父辈们新中国成立前都苦大仇深，充满了对新社会和共产党的热爱，对我们的教育很严格。我父亲是基层党支部书记，一直是劳动模范，母亲虽目不识丁，但正直善良、豁达大度。他们给我们的教育始终是热爱党、热爱社会主义，应该一心为公，把自己的全部力量奉献给国家和社会。

马国川：很正统、很正面的教育。

范恒山：是的。我很小就形成了这种认识：第一，依靠自己，自己的努力决定着自己的发展机会与空间。第二，自己的行为应当符合社会的核心价值观和正统规则，要尽量为社会奉献自己的力量，自身的成就体现为对社会的服务和国家的贡献。所以，我干任何事情都很执着，一旦做就希望能够尽自己的能力把它做到最好。这不仅体现在上学时学功课考分数要尽力做到第一，而且也体现在工作中要尽力做得最为出色。同时，我总有一种"天下兴亡，匹夫有责"或"位卑未敢忘忧国"的信念和精神支撑着，想干那些与社会发展直接联系在一起的事业，努力为国家的繁荣进步贡献尽可能多的力量。这种认识逐渐演变成一种性格、一种追求、一种人生观，体现在我人生道路上的各个历史时期，影响着我的学习、研究和工作。而这种性格和追求也给我带来了一些成就和收获，不过也干了一些现在人们看起来似乎是不值当的事。的确，我也真是吃了一些可以不吃的苦头。

马国川：我读过有关您的访谈和介绍，知道您在上大学之前都在家乡学习和工作，并且做得都很好。

范恒山：从小学到高中我在学习上都很努力，所以在班上总是名列前茅，并且一直是班上和学校的主要学生干部，总是"三好生"和"学习标兵"，学校搞教学讲习和实验时，我总是被推选出来当"教师"。我们家乡当时是有名的血吸虫病灾区，地方各级政府利用冬春农闲时节仿军队建制组织群众进行灭螺会战，高中毕业后我参加了灭螺专业队的工作，后来又经推荐到"灭螺营营部"做政工员，负责领导文稿的起草和宣传动员等工作，并编写《灭螺战报》，工作可以说做得有声有色。后来又做了一段时间的团工作，被评为优秀团干部。正因为如此，后来县里搞撤区并社时，几位领导极力推荐我到新组建的大公社工作。其间，组织上派我作为工作组的一员，到码头大队去蹲点，这是一个在当时被指为"资本主义经济泛滥"的典型地区，农业生产一直搞不上去。我去了以后，经过两年的努力，码头大队一跃变成了全县、全省"农业学大寨"的先进典型。

马国川：那时"文化大革命"还没有结束吧？

范恒山：在1976年前后。今天看来，我们当时兢兢业业地做了一些傻事，也勤勤恳恳地为农村发展贡献了力量。作为工作队员，我们扮演着双重角色，既毫不犹豫地"割资本主义尾巴"，又不知不觉、事与愿违地损害农民的利益，还辛辛苦苦地与农民同吃同住同劳动，千方百计地想把农业生产搞上去。当时可以说泥里水里、日里夜里差不多都和农民在一起。置身于这样一个环境，我不仅体验到了农村的艰辛、农民的善良，也实实在在地锻造了自己的工作本领和提升了自己的思想情操，进一步培养了自己对社会的责任心。

我有一种竭尽全力振兴家乡的冲动，期待着运用自己的智慧和力量干一番事业，为改变家乡面貌作出贡献。但是，高考制度的恢复改变了我的工作环境，也使我的命运发生了转折。

走进珞珈山

马国川：1977年恢复了高考制度，许多年轻人都感到改变命运的机会来了，您当时有什么想法呢？

范恒山：当高考的鼓声一阵一阵敲响的时候，我可以说是反应迟钝、无动于衷。我觉得自己当时的环境已经很好了，高中毕业后马上参加了工作，这在农村同龄人看来已经是很幸运的事情了，而且我觉得自己干得很好，大有用武之地。受视野和条件的限制，对我来说，振兴家乡已经是一件了不起的事情了。另外，当时知识分子"臭老九"的形象还没有从人们的心中抹去，读大学并不是所有人都认为光荣的事情。

马国川：是否可以理解，您当时并没有意识到高考对自己的命运的重要性，更进一步地说，您没有系统地设计过自己的人生目标？

范恒山：现在看来，没有高考，我就不可能获得今天这么一个平台，不可能去观察和思考那些应该是大人物考虑的事情，也不可能使自己的工作影响到国家发展改革的事业。关于目标，我的确没有系统地思考过。《中国新一代思想家自白》曾约我写过一篇小传，我把这篇小传冠以《无目标旅程》，我说我的人生其实是一条充满了许多偶然环节的"无目标旅程"。我未曾设计过什么奋斗目标，因为我拥有的条件不允许我对自己能力之外的东西寄予太多的期望，从而不允许我去设定那些缺乏把握的目标。我刻意的是尽力走好自己每一天的道路。在当时，我倒是有点当兵的欲望，这也是赶潮流使然。记得当时很多同学、朋友询问我时，我都明确地表示不参加高考。除了上面谈到的原因外，工作忙无暇复习也是一个原因。促使我下决心参加高考的是我哥哥，他当过兵，也上过大学，见识广，他动员我参加高考，并且给我搜集了一些辅导材料。但当我决定参加高考的时候，距离考试时间已经不到一个月了。

马国川：时间的确非常紧张了。

范恒山：准确地说，就是三个礼拜的时间。但同其他考生相比我是有优势的：第一，我在学校的基础就很好；第二，我的工作平台使我接触的东西多、思考的东西也多，积累了许多新知识；第三，我一直喜欢学习，工作后也没有停息过，特别是看了大量的政治和文学书籍。所以，我最终如愿以偿，被武汉大学录取了。我记得在我们公社录取的考生中，我的学校是最好的。

马国川：怎么选择读经济学的？据我所知，当时经济学并不吃香。

范恒山：的确，在当时的氛围下，除了政治，同龄人大多做着文学青年梦。老实说，我酷爱文学，在学校时语文成绩也很好，其中作文常常作为范文在学校张贴和班上朗读，文学也远比经济学吃香。填报志愿时，我也的确报了几所大学的中文系和新闻系，但是，好像第一志愿报了武汉大学的政治经济系，这是在我哥哥的指导下报的。当时我对政治经济学可以说一窍不通，记得高考前后读了一本北京某家出版社出版的《政治经济学》，其中的"剩余价值""资本有机构成"等之类的概念既晦涩又拗口，把我折腾得头昏脑涨。老实说，我哥哥当时也不十分了解政治经济学，只是因为政治两个字在前头，而政治在当时又很时髦，搞的是政治运动，出人头地的是政治人物，而且政治经济系既有政治又有经济，所以糊里糊涂地就填了。在经济学成为显学并在国民经济和社会发展中起着重要作用的今天，我的这个偶然的选择看来是歪打正着了。

马国川：您考上大学时正好20岁。

范恒山：实际上我1978年2月进入珞珈山武汉大学学习时已经20岁出头了。从那个时候起，我可以说是走上了经济学的学习研究之路。但因为是无意识的选择，所以开始学习还是不自觉的。开始的一两年我还是比较眷恋文学的，写了不少文学心得和作品，时常刊登在墙报、板报上，有的还被同学们传抄。然而一旦作出了选择，我就一定要努力做好，并且要做得最好，这就是我的性格。所以，即便是爱好文学，我也没有耽误经济学的学习钻研。作为一名出身于贫苦家庭的大学生，我比别人更懂得学习机会的来之不易；而作为一名从封闭农村中走出来的学子，我了解自己与自己的同学特别是城市同学间在社会阅历、知识范围上的差距，于是，图书馆资料室便成了我改造自己、克难补拙的重要"战场"。而夜晚熄灯之后，我也打着手电筒在被窝里继续读书。逐渐地，我从一个文学青年转变为了一个经济学青年，所学的各门功课考试成绩都名列前茅。与此同时，我对经济学的兴趣也日渐浓厚，那些晦涩难懂的经济学词汇变成了我解释经济现象、剖析经济关系得心应手的工具。

马国川：您可以说真正走进了经济学的殿堂。

范恒山：当时的社会氛围正在发生重大的转变。从经济学方面看，随着思想的解禁，一些处于前沿的西方和苏联、东欧的经济学著作被陆续介绍进来，这些书籍不仅丰富了我的经济学原理的知识，也使我了解和掌握了一些与社会发展、体制转变密切联系的鲜活的思想观点和独到的学术见解，特别是开始明了经济学研究的原理与方法。在学习中，我比较注重深钻细磨、追根溯源，力求举一反三、融会贯通，把学习经济学ABC知识的过程变成经济学的研究过程，如此等等，逐渐培养起了自己经济学的研究能力。在大学前期，我把一个个考试题目变成了既阐述经济学基本原理又提出自己观点和见解的经济学论文；大学后期，我则开始选择经济社会发展中的热点问题进行专题研究，并开始发表论文。

潜心钻研成为经济学家

马国川：您在《无目标旅程》一文中，把您经济学研究能力的快速提升过程概括为从大学到攻读博士学位期间的三次学术锻炼。

范恒山：这其实是围绕三次学位论文撰写所进行的调研。学士论文《扩大再生产条件下两大部类增长速度对比关系的理论探索和历史考察》，是第一次较为系统也是较为辛苦的学术锻炼，论文以我掌握的马克思社会再生产理论为基础，分析了决定和影响两大部类增长速度的主要因素及受这些因素制约的两大部类生产增长的趋势，研究了科技革命深化等原因导致的资本有机构成等因素的变化及两大部类增长速度对比的实际势态，阐述了现存条件下我国处理两大部类关系的基本思路。这一论文今天也许只需要十天半月就能完成，但在当时我用了整整半年的时间；虽然被老师们评为优秀论文，但今天看起来还是相当稚嫩，不过它大大地拓展了我的研究视野，锻炼了我的学术功力。硕士论文《现阶段社会主义就业问题研究》在选题上比较贴近现实，由于有以往的基础，撰写上显得比较轻松，特别是在撰写过程中花了两个多月的时间在湖北、北京、上海的许多地方进行调研，有了第一手材料，因此，论文的质量总体来说比较高，也有较强的现实意义。这篇7万来字的论文，受到了答辩委员会及有关专家学者的一致好评，《武汉大学学报》和《湖北日报》还分别作了专题报道。博士论文《社会主义理想经济模式现阶段基本规范研究》的撰写是我第三次全面的学术锻炼。从选题上看，这可以说是一篇综合了前两次论文特点的集学术性和现实性于一体的论文。从研究角度上看，这是一个很难的问题，不仅需要有扎实的理论功底和实践知识，并且还触及了我们搞的是不是社会主义、是什么性质的社会主义等敏感问题。在我提出这一选题时，导师吴树青教授也表示了一定程度的担心，但最终我完成了长达26万字的论文。审阅论文的厉以宁、刘国光、王珏、王梦奎、肖灼基、何伟等20多位著名专家给予了很高的评价。有的专家认为，这一论文是"我国第一部较全面、系统、深入探讨社会主义经济模式的有较高水平和实践价值的优秀著作""有相当高的学术价值"；有的专家认为它"创立了研究社会主义经济模式的一条新思路""这一课题研究难度很大""能达到如此水平是难能可贵的"。当然，专家们有奖掖后辈的用意，但对我来说，它的确是研究能力的一次全面升华。

马国川：据我所知，20世纪80年代中期是您学术名气的第一个高峰期。从本科到博士研究生只10年的工夫，您就从一个不知经济学为何物的文学青年成长为一个有名的经济学家。

范恒山："经济学家"是人们封的，但的确这一时期，使我完成了从一个普通学生到一个有些研究能力的经济学者的转变。这一时期，也的确是我的学术活跃期之一，我发表了一系列的学术文章，观点也开始被评述引用,名字也逐渐被社会熟识,各方面的邀约也纷至沓来。但是我知道自己的不足,我以为这时我至多算是一个正在成长中的经济学研究者,比之那些卓有成就的经济学家特别是老一代的经济学家,无论是做人方面还是治学方面都有相当的距离。但我要强调一句,我很重视治学和做人的统一,而我特殊的家庭环境和教育直接影响到了我的治学,我在学术研究中持之以恒的钻劲和锐气,学术观点中的直率、大胆和犀利的风格,在很大程度上来源于此。除了大量的学术文章、独有的学术见解外,正是这种风格,使我很快受到了学术界和媒体的关注。我未曾做过经济学家的梦,但一旦在经济学的研究领域尝到了一些甜头,摸到了一些门道,而且开始有了些影响,就止不住也不得不沿着这条道路前行了。所以今天我虽然身处国家机关工作,但并没有丢掉深入思考和细致琢磨的风格。但我后面会谈到,我后面从事的研究,实际上与这一时期的研究是有很大差别的,这一时期的研究实际上是纯学术的,后面的研究实际上是工作必需的且与工作紧密结合的,是工作的一个副产品。由于这一时期在社会上形成的影响和赋予的经济学家的这一名号,我的学者型官员或者官学两兼的形象也就在人们的意识中树立起来了。所以,我前面谈到,我的官学两兼是历史形成的。假如我在求学10年的过程中一事无成或仅仅完成了学业而已,那么社会也就不会有这样的评价了。

改革开放和建设现代化国家进程的热烈展开,把一些积淀已久的旧矛盾展现在人们面前,为理论工作者提供了广阔的思想空间和丰富的思想素材。

马国川:在您所做的学术研究中间,关于所有制的研究,奠定了您作为经济学家地位的重要研究之一,是这样的吗?

范恒山：所有制问题特别是产权问题，是经济学的核心问题。关于对它的研究，引起学术界和社会的关注与重视是很自然的。我属于在这个问题上涉足较早且有一些"奇谈怪论"的人，所以也引起了一些人的兴趣，赢得了一定的社会反响。早在大学初期，我就对农村集体所有制改革做过一些研究，而后对它的研究一直没有中止，特别是攻读博士研究生期间，我写了许多关于所有制问题的研究文章，如《论所有制的开放》《关于所有制和商品经济关系的逆向思考》《商品经济的二重属性及其对所有制的反规定》等，如果算上有关国有企业改革、非公有经济发展的文章，就更多了。特别是1986年写成的《虚拟私有制——对一种全新的公有制模式的探索》的文章，在学术界和社会上产生了强烈的反响。这种反响，一方面来自于这篇文章的观点和构思。文章提出了通过"虚拟私有制"实现全社会成员共同占有的实质和每个劳动者虚假的个人占有的形式的统一，使产权明晰化、利益直接化，以达到有效的宏观控制、优化的微观经济活力和良好的财产风险约束的有机结合，实现资源、利益双优配置的思路。一些赞同者认为，"这是一种新颖的公有制模式"，是"关于所有制理论探索的重要突破"；一些地方还提出了试点的要求。另一方面也来自于对文章标题与思路的误解。一些批评者认为这是鼓吹私有制。无论是赞同的还是反对的，对这篇文章都给予了足够的关注。我对所有制问题提出过一些自己的见解，如《所有制改革：理论与方案》一书，集中体现了我关于所有制改革和产权制度建设的观点。

马国川：读过您经济学文章特别是像《虚拟私有制论》《关于所有制和商品经济的逆向思考》《论"生产力域"现象》一类文章的人，不仅感觉到您的文章很经济，也很哲学、文学，极富逻辑性，这恐怕也是人们爱读且使您很快出名的一个重要原因。

范恒山：常言道"有一桶水才能灌满一杯水。"经济学的研究也是如此。有复合型的知识，有多角度的分析，有多色彩的论述，一篇经济学文章才能出新、出奇、出异、出彩。我曾经是一名文学青年，喜读文学著作，喜写业余作品，在自己的经济学文章中有点文学色彩，应该也是很自然的。的确，我也喜欢读哲学、读历史、读人物传记，在10年的学习期间，特别是攻读研究生期间，除了经济学，我读的最多的就是这样几类书籍。我想，这些书籍的学习对我的经济学研究是有帮助的。我今天之所以能够在稍宽的一些领域思考问题，能够同时用非经济学的思维来思考经济问题，恐怕很大程度上得益于此。

工作在改革第一线

马国川：我注意到，您的研究和工作与改革历程紧密联系在一起，特别是1987年博士毕业后，您直接进入改革第一线，直接参与推动改革进程。

范恒山：大体说，20世纪60年代以前出生的人都亲身经历了迄今为止的改革开放的过程，并且有着深刻的体验。不过我不仅经历了这个过程，而且在某种程度上说是参与了这个过程，也积极推动着这个过程。我进入大学的1978年，正是改革开放开始的年代，自大学学习之初始，我撰写的绝大部分文章都是关于改革开放的文章。特别幸运的是，在离开学校后，我有幸成为国务院主管全国经济体制改革工作的国家经济体制改革委员会的一名工作人员，这使我有机会在一个制高点上观察、了解和影响中国经济体制的改革过程，把自己的知识和创见与改革实践结合起来。那时候改革部门是很热的，而当时全国博士毕业生极少，很受社会青睐，我被中央财经领导小组办公室选中，所以我进入改革部门其实有点偶然。今天改革已不如以前那样轰轰烈烈了，专门从事改革工作的部门已不复存在，但是我仍然为这一偶然的选择感到庆幸，为直接参与和推动中国改革进程感到骄傲。

马国川：算头算尾，您在改革工作部门的工作时间差不多有16年，这的确是一个不短的时间，在这些年中，您最引以为自豪的是什么？

范恒山：准确地说，我是在专门从事改革工作的部门即国家体改委和国务院体改办工作了十五六年。2003年体改职能并入新组建的国家发展和改革委员会后，我担任综合改革司司长，仍然继续从事着改革工作。算上这段经历，从事改革工作的时间差不多有20年。在这一时间段，最令我自豪的是在我和同事们的手中出台了一系列综合的、专项的改革规划与方案，正是这些文件一步步地把改革引向深入，把社会主义市场经济体制逐步建立起来，并通过改革推动经济社会的跨越式的发展。几年前，中央领导同志特别强调，改革开放是关系到中国前途命运的关键抉择，过去20多年来我国经济社会发展所取得的一切成就都是与改革开放密不可分的。作为改革的直接参与者，我们对此有深刻的体验。近20年，我参与和直接主持的改革规划和方案数量很多，内容涉及各个方面，但特别令我难忘的是直接涉及社会主义市场经济及其体制整体谋划和设计的几次规划与方案的研究制定。

马国川：能否具体谈谈？

范恒山：我博士毕业后一进入国家体改委就参加了中国经济体制

改革的三年、五年、八年一揽子规划（俗称"三、五、八规划"）的研究。今天看来，这个研究对形成社会主义市场经济的改革目标和推进社会主义市场经济的发展是具有开创性意义的，其中的很多思路和观点，都成为社会主义市场经济理论的形成基础和组成部分，许多的措施与政策建议直接付诸社会主义市场经济体制建设的实践中。这个研究形成了分别由不同单位牵头、众多著名学者参加编制的八个不同风格与思路的规划，在这个基础上，由国家体改委综合规划司最终于1988年8月提出了《1989—1995年经济体制改革纲要（初稿）》。在规划中间，明确提出中国经济体制的改革目标是建立社会主义市场经济，并指出，商品经济、市场经济不是资本主义独有的，公有制必须也能够与市场经济相结合，实行社会主义市场经济不是要否定公有制，而是要重新组建和再造新的公有制形式和公有制组织。规划还提出了要实行股份制改革、建立现代企业制度、逐步取消价格双轨制等重要见解。从某种意义上说，"三、五、八规划"是中国经济体制改革规划制定的一个里程碑。1992年初，邓小平考察南方，在充分肯定了市场经济在社会主义社会中的地位之后，国家体改委即着手制定有关社会主义市场经济体制建设的规划，自3月份起即陆续起草了《建立社会主义市场经济总体设想》《建立社会主义市场经济总体规划纲要》等一系列重要文稿。这些文稿对社会主义市场经济的内涵、体制特征、建设原则、阶段目标及推进方式等作出了具体的界定与设计，成为党的十四大报告和十四届三中全会决定的重要参考材料，许多思想见解和改革思路被吸收。另外值得提及的还有《社会主义市场经济的科学内涵和主要特征》课题的研究，在这个课题报告中，我们结合10多年的改革实践特别是明确了建设社会主义市场经济体制目标以来的改革实践，从理论上揭示了社会主义市场经济的一些重要规定，其中包括非公有制经济是社会主义市场经济的重要组成部分，公有制的内容、实现形式及主体的表现都不是唯一的和固定的，以资本等生产要素为分配依据的分配方式在社会主义市场经济下占有一定的地位，实现公平竞争是经济体制要素选择与法律规范制定的基点等。报告还指出，公有制经济的主体地位主要不是反映在比重上占多少，关键表现在它在基础产业和关系到国计民生的其他主要领域的控制力上以及对其他经济成分的辐射力和影响力上，还有对国民经济的带动作用与社会稳定的支撑作用上；我们应站在最大限度发展生产力的战略高度上继续调整生产资料所有制结构，把制度创新与结构调整有机结合起来，推进国有企业的分类改革。课题报告受到了中央领导的高度重视，许多思想观点和政策建议被党的十五大报告和其他重要文件所采纳。

马国川：为什么你们提出的改革思路和方案能够成为决策的重要参考，能够有效地指导和推进具体的改革实践？

范恒山：首先是有改革开放这么一个大背景，而在这个大背景下最重要的原则就是把世界市场经济发展运行的一般经验同中国的具体国情结合起来。根据这个原则提出的改革思路和方案，不仅符合社会发展的方向，而且也适应中国特定的环境，既具有指导性又具有可操作性。这在制定某些专项改革方案时体现得更为明显，其中的诀窍简单地说就是既要有一定之规，又要搞区别对待。我们制定了很多的专项改革方案，实践证明，既体现改革方向又从实际出发的方案才能真正付诸实施，才能产生积极的效果。我举几个例子。水利是国民经济和社会发展的重要基础设施。2001年9月，我受命组织有关部门进行水利工程管理体制改革方案的研究。水利工程管理体制中存在的职能不清、权责不明、机制不活、效率不高等问题长期以来一直没有得到有效的解决,严重影响了水利工程设施的安全运行,对国民经济稳定增长和人民生命财产安全带来了极大的隐患。但这一改革涉及数十万人的直接利益,如何改革关系重大。市场化管理是国际上水利工程管理的一般做法,但我们没有简单套用国际上的做法,而是从我国水利行业整体上看既有公益性又具经营性、水利工程类型差别较大等实际情形出发,提出了建立符合国情、水情、体现社会主义市场经济本质要求,又有利于水资源可持续发展的水利工程管理体制和运行机制的目标。在改革思路上,根据不同水利工程的特点,把承接管理养护任务的水利工程管理单位分为纯公益性、准公益性和经营性三类。根据这种分类,分别提出了不同的改革要求,同时提出了深化水利工程管理单位内部体制改革、实行管和养分离等配套改革措施。这一改革方案受到了各个方面的一致赞同,实施后取得了良好的效果。出版行业作为涉及舆论导向、精神文明建设的公益性事业,很多人认为与市场化不搭界。我们认为,作品和出版是两回事。我们按照市场经济的思路,以中

2005年,作者在玉泉山起草文件时留影

国出版集团为重点，按照企业化、市场化的方向对出版社进行了改革。这几年的实践表明，效果十分明显，不仅坚持了出版作品的正确导向，而且经济效益也大大提升。烟草系统被认为是高度垄断的一个行业，市场化的呼声很高，我们充分考虑烟草的特殊性质和中国烟草在国际市场上的弱势地位与发展的阶段性，提出了一方面推进烟草企业加快现代企业制度建设；另一方面整合产权，将原来分散在各个地方的产权集中到中国烟草总公司并整合烟草企业、烟草品牌的改革思路。相关方案在2005年颁发实施后，烟草行业利润成倍上涨。当然，还有一个原因，那就是我们本身就是国家负责改革的工作部门的工作人员，将其纳入文件和付诸实践是职责所在，也是优势所在。

马国川：我注意到，这一时期是您学术创作的又一个高峰期，可以说是迄今为止的巅峰期，名气达到了炙手可热的程度，是当时非常有名的几位中青年经济学家之一，现在比较活跃的青年经济学家那时还籍籍无名。

范恒山：的确，当时我发表了为数众多的学术作品，因为它们，我在社会上也赢得了较大的声誉。但是，你应该能注意到，这些学术作品绝大部分都是关于改革的或者说是与我所从事的工作密切相关的。再进一步说，这些学术作品的产生不是为写而写的，而是环境使然、工作使然。所以我在前面谈到，官学两兼跟我研究问题的环境有密切联系。从事改革工作，使我不得不自觉地思考改革，而思考改革所形成的大量文章及所产生的"名气"又进一步强化了人们关于我官学两兼的形象。从事改革可不可以不发表文章？也可以，我们很多从事改革的人并没有发表多少文章。但是我也要说一句，从事改革的人中只要有一定理论基础的，都或多或少地发表过改革文章。改革为什么能够产生改革的文章？因为建设社会主义市场经济的改革是前所未有的事业，需要在整体或各个层面进行深入探索。为什么需要发表改革文章？对于一个不甚了解的改革目标和许许多多的改革内容，需要通过发表改革文章统一思想、凝聚共识，需要宣传教育和释疑解惑。我还要强调一句，之所以这一时期成为我社会影响比较大的一个时期，也是与改革密切相关的。这除了因为文章多的原因外，更重要的是我所做的是探索性的工作，所提出的观点往往具有独创性，大家关注改革，必然要关注这些文章和关注这些观点。从根本上说，这种名气虽跟我的个人努力有关，但更多的是工作环境造成的。

从学术角度而言，在我发表的众多的改革文章中间，有相当一部分是论述社会主义市场经济的内涵、特征、相关体制建设的，以及健康、规范地推进社会主义市场经济体制建设的，这包括《论社会主义市场经济的基本特征》《从社会发展的高度把握社会主义的本质》《市场经济建设十大误区》《市场经济新体制建设若干重要问题论要》《走向规范而有效率的市场经济》等。我以为在我的学术研究中，较为全面系统和持续深入的研究，除了所有制问题外，关于市场经济的研究也是另外一个重要的方面，这一研究给我带来了许多影响和声誉。

马国川：您的改革文章中提出的大量联系现实的独创性见解，不仅使您成为了著名的改革家，而且也得到了"国是派经济学家"的美誉。

范恒山：由于这些文章都是结合改革工作进行研究的成果，所以它们具有独创性和现实操作性的特点应该是很自然的。另外，我也要强调一点，独立思考、敢于创新是我治学的一个追求和特点，我从不照搬照抄别人的观点，也尽量避免浅尝辄止。事实上，更多带有独创性的观点体现在我主持和我参与的改革规划、方案和研究报告之中。例如，我们在2001年初的有关从制度上建立防止腐败机制的报告中，就全面推进行政审批制度改革、建立符合市场经济要求的公共资源和生产要素配置制度、改革财政管理体制、建立公务活动基本保障制度以及改革公务员的工资制度等方面，提出了"在科学界定政府职能的基础上，全面清理现有行政审批事项，凡不属于政府职能又不利于政企分开的审批事项一律取消"的政策建议；对国有土地、公共投资项目、金融资产、证券资本和一些重要稀缺物资等的配置，提出了主要采取发挥市场机制作用的竞争性配置制度、"建立起公正的公务活动保障体制和有利于抵御腐败的公务员薪俸制度""取消干部待遇终身制"等重要政策建议。在2005年我主持的有关事业单位改革的课题报告中，提出了分类改革、大力调整事业单位结构和创新机制、强化事业单位内部管理的思路等政策建议。

的确有人根据所属单位的性质、研究中所持的立场、文章中所阐述的观点等，把经济学家分为若干类型，据说把我列入了"国是派经济学家"的范畴。果若如此，我倒是很乐意接受。所谓研究"国是"，无非就是研究国家发展应该采取的基本思路或政策取向，这既符合我所处的岗位，也符合我研究的课题的性质。这一点也与你前面提到的我为什么能做到官学两兼的问题有密切关系。我曾经谈到，这跟我的研究角度有关，展开来谈无非就是两点：第一，我始终关注关系到国家经济社会发展的重大问题并努力提出切实可行的政策思路，即研究"国是"。第二，我始终以积极的、建设性的立场提出意见和建议，即以正确的立场研究"国是"。

我现在所做的工作是推进现代化建设的一个直接环节

马国川：就您的工作性质而言，2006年6月可以说是一个重要的节点，您离开长期从事的改革工作，转向了负责地区经济发展的工作，当时在有关媒体的报道中，几乎都把您的这个变化作为一个新闻点。您怎么看待这种变化？

范恒山：的确，就工作性质看，这对我来说是一个比较大的转变，但深一步说，这两者又是相通的。改革的目的是发展生产力，促进地区经济发展也是发展生产力，它们都是推进国家现代化建设的一个环节。所不同的是，我现在所做的地区经济工作本身就是发展工作，相对改革而言，它是推进现代化建设的一个直接环节。从丰富我的经历、提高我的工作能力的角度来看，这种变化是很有益处的。当然，改革工作同地区发展毕竟还是有较大差距的，离开工作了近20年的改革领域，还是有些依依不舍。不过，地区工作面十分宽广，区域发展也涉及体制创新和机制转换的问题，从这个意义上讲，也不能说我完全离开了改革工作。从这几年的实践看，近20年从事改革工作所积累的思想认识、工作经验等，对我创造性地开展地区经济工作起到了十分积极的作用。

但是我还要说，地区工作是推进国家现代化建设的一个很重要的环节。地区经济工作的主要任务是制定和实施促进区域协调发展的战略方针与政策措施，而区域协调发展关系到全面建设小康社会和国家现代化事业的实现，关系到社会的和谐安定。改革开放后，我国经济社会快速发展，但区域差距也在不断拉大，差幅最大的"八五"时期，东部生产总值增幅比中部高 5 个百分点。至"九五"起，国家陆续提出了缩小地区差距、促进区域协调发展的一系列重大战略，经过努力，区域发展的格局出现了积极的变化。但是区域发展不协调的问题仍然很突出，而一系列因素影响了促进区域协调发展的进程，例如，自然地理差异与历史发展基础在市场经济环境中形成的资源要素向发展水平较高的地区进一步集中；工业化、城镇化的深入发展在城乡二元结构环境下形成的城市、工业通过直接的和间接的形式对农村、农业利益进一步侵占；立足于经济社会可持续发展转变经济发展的方式、构建资源节约与环境友好型社会的客观要求对具有资源环境优势的欠发达地区的发展形成进一步约束等。总体来说，区域间经济社会发展差距过大且继续扩大的趋势并没有改变，区域发展不协调的格局并没有发生实质性的变化，促进区域协调发展的任务仍很艰巨。所以可以说，从事地区经济工作的责任重大，使命光荣，与从事改革一样，也是一项可以大有作为的工作。

马国川：社会上都能感觉到，这几年促进区域发展的工作有声有色、红红火火，国家出台了一系列指导地区经济发展的规划、方案与政策措施。作为地区经济司司长，您对于促进区域协调发展在总体上是怎样考虑的？又是沿着什么样的思路来推进工作的？

范恒山：20 世纪 90 年代末开始，国家陆续提出了推进西部大开发、振兴东北地区等老工业基地、促进中部地区崛起等区域发展战略。这些战略的实施，使地区经济结构得到了改善，区域发展协调性增强。但是由于我国地域辽阔，各地区自然条件、历史基础和经济水平差距较大，空间尺度过大的区域政策和规划难以充分体现各地的区位特点和比较优势，也容易造成"一刀切"的问题。所以我们考虑，要尽快缩小地区差别并有效地促进区域协调发展，必须从各地区的实际出发，研究制定适宜地域范围的区域政策和区域规划，增强其针对性、有效性和可操作性。所以，这几年我们工作的主要努力重点是，围绕促进区域协调发展这条主线，建立健全空间尺度适宜的区域政策体系。具体地说，就是着眼于"抓两头"，即一方面推动经济基础好、带动能力强的核心发展区域进一步加快开发开放；另一方面支持基础条件差、发展能力薄弱的特殊类型的区域加快发展。同时，沿着三条线索制定区域规划和指导性文件：一是围绕加快少数民族地区发展制定相关的文件和规划，如制定了支持新疆、宁夏等地区经济社会发展的指导意见；二是围绕对外开发开放制定相关的文件和规划，例如制定了面向东盟开放的北部湾经济区规划，推进图们江区域开发合作的中国图们江区域合作开发规划，进一步提升欧亚大陆桥桥头堡作用的江苏沿海地区规划，提升促进海峡两岸合作交流的支持海峡西岸经济区建设的指导意见等；三是围绕贯彻实施国家重大发展战略制定的相关文件和规划，如长江三角洲指导意见、珠江三角洲改革发展规划纲要、辽宁沿海经济带发展规划等。这些文件和规划，一方面充分考虑了地方发展的实际需要，体现了区域特点和比较优势；另一方面又充分体现了国家全局战略和总体规划的要求是这些战略和要求的具体体现和细化，并把国家意志贯彻到地区发展之中。从实际情况看，其实施对促进区域协调发展、推动国民经济平稳较快增长起到了重要的、积极的作用。近两年来，在全国经济普遍快速增长的同时，出现了中部、西部和东北地区增长速度超过东部地区的良好局面，改变了多年来中西部地区经济增长速度差距与东部地区不断拉大的状况。特别是这次应对金融危机，中西部经济发展对全国经济恢复与发展起到了明显的支撑作用。

与此同时，在相关区域文件和规划的指导下，东部地区着力转变发展方式和调整经济结构，经济运行的质量和效益不断提升，竞争力明显增强。

马国川：从工作层面看，比之您抓改革工作，地区经济工作有些什么样的特点？

范恒山：有一点是共同的，如果你有责任心，你真想干事，你就得不断地拓展新领域、开创新局面、探索新方式。从这个意义上说，抓地区经济工作与抓改革工作都是很艰难的工作。不过，两者的确有一些差别。改革工作试验性、探索性较强，不仅有操作层面的工作，更有思想理论层面的工作，有些东西是可以研究借鉴的，因此相对于地区工作来说稍虚一些，也可以虚一些。地区经济工作是在实践基础上的虚，不了解一个地区的实际情况、优势特点，很难制定出适宜的规划和政策，实地调研是其中一个必需的基础性工作，而提出的规划和政策思路既要高屋建瓴，体现国家战略需要，又更要务实管用，有可操作性。因此，相对于改革工作来说，地区经济工作更实一些，它也必须更实一些。从操作层面看，改革工作可能更难一些，因为改革就是与旧的体制搏斗，调整既有的利益关系格局，而这并不是所有人或所有单位都赞成的事。

马国川：社会上都注意到，近许多年来，您在媒体上露面比较少了，您能告诉我是什么原因吗？

范恒山：应该说，这些年来我在媒体上也发表了不少文章和观点，但总体来说的确比1998年前减少了很多。这里面有很多原因，其中一个原因就是工作环境和工作性质变了。我在前面谈到，我并没有刻意去使自己成为一名经济学家，也不是为写文章而写文章，很多文章的产生与工作环境及其性质相关。搞改革工作不探索不行，不宣传也不行，所以撰写相关文章很自然。搞地区工作不是说完全不需要写文章，事实上，在必要的情况下，我也写了一些关于区域发展的文章，包括有关规划和文件的宣传解读性文章，但总体来说不如搞改革工作那样重要和必需。不过，在我看来，不仅学者应该写文章，而且政府官员也应该利用适当的时间写点文章，这样不仅可以不断提升自己的理论修养，而且还可以宣传国家的政策方针，并且这对于中国的发展来说，对于我们现代化建设事业来说，都是大有好处的。

关于"中国模式"

马国川：您谈到地区经济工作，或者说促进区域协调发展工作是推进国家现代化建设的一个直接环节，使我自然想起一个问题，就是现在国内外都在谈所谓的"中国模式"，我想听听您关于"中国模式"的看法，首先有没有一个所谓的"中国模式"？

范恒山：我想首先说的是，不要把"模式"搞得那么玄。作为一个国家来说，有特殊的国情，走了一条有特色的道路，取得了特别的成就，那就可以说是这个国家特有的模式。其次我要说的是，的确存在着"中国模式"，不仅改革开放以来中国走了一条具有中国特色的发展道路，而且在新中国成立以后的前30年也走了一条独立自主的发展道路。而前后60年中国所取得的成就是世界所公认的，在中国的发展中，从制度层面到操作层面，从理论层面到政策层面，都有很多可以总结并可以被其他国家借鉴的东西，它们构成了"中国模式"的骨架和内容。再次，国际上现在谈"中国模式"，基本上都是褒义的，用的是赞赏的角度或羡慕的眼光，但这不等于说这个模式就是十分完善的，事实上，不仅在经济结构、发展方式方面存在问题，在体制机制方面也有不足。最后，所谓模式，不是一成不变的，而是不断发展完善的，其动因不仅在于内部，而且也来自于外部，如经济全球化、市场一体化的推动等。基于上述四点认识，我想对于"中国模式"进一步强调这样两点：第一，我们应当为此感到骄傲；第二，我们也应当始终保持忧患意识。顺便说一句，10多年前，我和国务院发展研究中心的同志就曾尝试编一本题为《中国模式》的书，框架和草稿都有了，但实在因为没有时间，所以也就耽搁下来了。

马国川："中国模式"的核心点究竟在哪？

范恒山：前面我谈到，我理解的"中国模式"应该是特殊的国情、特殊的做法或特殊的发展道路以及特殊的成就的一个有机结合体。因此，认真研究和全面归纳"中国模式"的特点，可能会有很多方面，但我以为"中国模式"的关键还是它的特殊的做法。从这个角度看"中国模式"，也有不少内容，如坚持公有制为主体、多种经济成分共同发展，坚持立足内需发展经济等。我认为最核心的东西就是正确处理计划跟市场的关系，实质是处理政府和市场的关系，在这个方面实行了市场在国家宏观调控下对资源配置起基础性作用的体制。30年来的改革这是一条主线，一方面逐步发挥了市场机制在经济运行、资源配置中的调节作用；另一方面有效地发挥了政府的管控职能，这两者的结合带来了原来中国计划经济体制所不能比拟的活力，也带来了西方市场经济体制所不能比拟的效率；它不仅在平时的经济活动中间能有效发挥作用，而且在特殊的经济环境下更能凸显优势。这一次应对金融危机就表现得很充分。特殊的构架和强有力的政府调控能力使中国经济避免了国际金融危机带来的深层伤害，并且能最快地走出困境，实现复苏。

马国川：您刚才谈到，"中国模式"仍然存在着自身的缺陷，并且模式本身不是一成不变的，那么就政府跟市场的关系而言，您认为是否存在缺陷？它应该朝着哪个方面完善或演变？

范恒山："中国模式"仍在探索和完善之中，会朝哪个方向发展变化，特别是在制度层面怎么样发展完善，当前要作出准确的判断还为时过早，但总体上说，会越变越好。就政府跟市场的关系而言，一方面我们要看到过去改革带来的进展；另一方面也要看到当前存在的问题，主要是政府管的范围还比较宽，而且很多行为不能在法律和制度的框架下进行，同时也缺乏完善的市场规则，市场机制作用在不够充分的同时也存在着混乱和无序问题。所以，改革的方向应该是合理界定政府作用的范围，优化政府管理的方式。此外，要整顿市场秩序，健全市场规则，优化市场机制发挥作用的环境。但是，我以为不能完全变化到西方社会那种政府跟市场的关系。如果那样的话，不仅可能所谓的"中国模式"不存在了，而且中国经济也就不会有竞争力了。

马国川：谈到"中国模式"的特点，我想到了一个可能跟它有关的问题，就是我们很多经济学家，包括一些重要的国际经济组织，在对中国经济形势进行预测的时候，往往最终与实际状况差距很大，而您所作的预测虽不多，但往往比较准确，特别是今年年初，您在首都经济学家新春论坛上谈到，中国经济较晚受到国际金融危机的影响，但可能较早地走出经济困境，今年 GDP 增长保持在 8%—8.5% 之间是可能的，而此时大部分的经济学家和预测者都比较悲观，其中的原因何在？

范恒山：我想申明一点，就预测来说，没有永远准确的预测，但的确有准确观测的比重高一些和低一些的问题。我也不能保证我对于未来的预测都是准确的，因为环境不可控，条件在变化。但有些是可以作出大体准确的预测的，做到此，跟预测者所处的工作岗位和性质有关，跟观测者的知识结构有关。但也正如你说的，跟正确把握一国国情和一个时期的具体环境有关。对中国经济的分析和观测一定要从中国实际出发，用中国眼光进行，不能够套用别国的结论，不能完全从既定的规范和逻辑出发，不能僵化地运用西方经济理论及其相关公式。早在20世纪90年代初中期，我就反复谈到过这个问题，强调研究中国形势要用中国眼光，强调经济走势的预测不是孤立的，而是建立在对中国现实生活的一系列重大问题的系统深刻的研究基础之上的。关于国际金融危机下中国经济的发展趋势，其实如果把握了中国国情的几个关键方面，或者说了解了"中国模式"的核心规定，预测起来就会八九不离十。我的预测的主要基点是我们拥有三大优势：一是政治经济优势。我们有强有力的组织系统，有迅速调集资源、快速行动的能力，有这些年来积累起来的经济实力基础。二是市场优势。我们有庞大的国内市场，从而使经济有强大的内循环能力，使我国的经济可以着眼于扩大内需解决危机的影响。三是体制优势。除了政府调控和管理上的优势外，我们的金融体制、市场体制有一些制约国际金融危机影响传导和破坏的屏障。有了这三条，中国经济坏不到哪儿去，再加上当前采取的一些重大的一揽子应急措施，实现一定的经济增长速度有保障。你提到的我关于金融危机中中国经济形势的预测，其实最早是2008年9月份的一次讲话，那时危机已较为强烈地冲击了中国经济，沿海地区的发展已受到了较大的影响。我以为，关于世界经济走势特别是中国经济走势的预测是必要的、有益的，应该进一步得到加强，而预测者们的预测也应该尽可能地准确一些。的确，我作经济形势的预测不是太多，偶尔为之，且能大体准确，我想主要有两个原因：一是我本身就在国家宏观部门工作，本身就参与有关政策的研究，同时在调查研究了解信息方面有一定的优势。二是我不拘泥于某个既定的理论、既定的公式、既定的逻辑，而往往看重中国特殊的国情和管理运行体制、经济发展方式上的一些特点。

马国川：您谈到对"中国模式"要保持忧患意识，对此您是否能谈得更深入一些？

范恒山：动态地看，"中国模式"其实就是中国现代化建设的道路。现代化建设的关键是两点：一是能不能找到一条正确的道路；二是能不能始终沿着这条正确的道路走下去。在这两个方面我们都要保持忧患意识。关于正确道路的选择，本身就是一个探索的过程，更何况所谓的正确的道路，也不是一劳永逸的，需要根据环境和任务的需要不断地加以拓展和完善。而坚持走正确的道路也不容易，其中既要排除各种形式的干扰和不良因素的影响，包括来自外部的干扰和影响，也要适应形势的变化调整行进的方式与步骤。实际上，探索和行进是不能截然分开的，它们本身就是同一个过程，贯彻这一过程的共同内容是与时俱进地进行调整和变革。所以改革不能停止，就现实来说，不仅经济体制改革要继续向纵深推进，而且要与之配套地推进其他改革，否则，"中国模式"就会难以为继，现代化道路就会出现曲折。

中国需要一批有责任感、有担当精神的人

马国川：我发现，和现今社会上很多人比较起来，在您身上有一种特质，集中体现为一种社会责任感和牺牲奉献精神。您在每一个工作岗位上都干得很好。

范恒山：我在前面谈到过，我生长在一个特殊的环境里，受到了特殊的教育，这两者结合起来，就是奉献出自己的全部努力，把所作的事情做得最好。体现在工作上，就是一种责任心，一种牺牲和奉献精神，也体现为一种开拓进取心和创造精神。有些工作是很难做的，通过努力我也把它做出了一定的成效。我担任综合改革司司长的时候，改革的大环境已经发生了比较大的变化，氛围已不如早些年那么浓厚，也缺乏必要的工作手段。在这样的环境下，我们提出，要始终保持与时俱进、敢于创新的锐气，牢固确立不畏艰难、敢于碰硬的正气，努力塑造善于改革、务实操作的灵气，不断增强自我革命、自我提高的勇气，切实弘扬淡泊名利、无私奉献的大气，按照"把虚做实、把面拓宽"的思路开展工作，最终探索出了"点"（即创造性地开展综合配套改革的试点工作）、"线"（即推进20多项行业或部门的改革）、"面"（即通过制定改革意见和规划并建立强有力的责任与工作机制推进整体改革）一体化运作的工作路子。查查那几年的媒体报道，与综合改革司联系在一起的改革工作是很热门的内容。这几年，区域协调发展的相关内容也成了社会关注的重点和媒体报道的热点。要把工作真正做好，需要投入全身心的精力。多少年来，我很少有休息日，大部分日子都在加班加点，的确很苦很累，但总是拗不过自己的良心和责任感，

而且看到历经艰辛后形成的一份份规划、方案和一个个试验成果，想到国家经济社会发展的成就中有自己的一份贡献，所有的辛苦也就烟消云散了。

马国川：在今天这样一个追逐名利的时代，许多人认为责任感、牺牲精神、奉献精神过时了，甚至被人嘲笑和讥讽。

范恒山：在很多人的眼里，的确认为我们这类人是傻子。说实话，我们也可以"看开"一些，活得"潇洒"一些。很多人说，凭你的学术能力和影响力，去学校做个教授，一年挣几百万元不成问题，而且自由自在，多好啊！我想，人总是要有点精神的，有利于社会发展和国家振兴的事、没有多少利益的事总得有人来做，更何况对于不同的人来说，幸福和成就感是不一样的。今天，有多少人得过且过，有多少人寻求安逸，但是我总觉得，如果不努力去做，就对不起自己的岗位，也对不住自己的良心。所以我愿意放弃休息时间，放弃名利，甚至放弃自己的自由度，在自己的岗位上去创造性地工作，把它做得最好，为国家的发展作出自己的贡献。这是我一以贯之的精神追求。职位有高低，工作岗位有不同，但对每个人来说，所承负的责任应该是一样的。古人都有的责任精神，我们今天更应该具有。

马国川：说实话，您的责任感、奉献精神在今天有点另类，但我感觉到您心态很好。

范恒山：或许吧！想开了，心态也就好了。对待工作要心态好，在其他方面心态也要好。我常常促使自己一方面用比较思维思考问题，做到不失进取又知足常乐；另一方面又用逆向思维思考问题，正确地对待不公正待遇，多想想位高权重之弊；再一方面用换位思维思考问题，设身处地为他人着想，严于律己，善待他人。我想，具有宽广的胸怀与宽松的心态是一种优良素质，是一种应该不断追求的精神境界。

马国川：最后，回到官学两兼的话题上，以您的责任心谈谈对官员和学者的期待。

范恒山：还是那句话，我希望官员有学者的深刻，学者有官员的务实；官员多抽出时间来学习，多研究些深层问题；学者多抽出时间去调研，多积累些实践经验；官员多考虑学者的立场，以平静心态对待学者的批评，做到兼听善纳；学者多理解官员的难处，多从"可能做什么"上考虑问题，做到积极建言。

我还想说一点，今天我们考虑工作、解决问题止于肤浅，过于急功近利。总体上说就事论事多，系统思考少，顾于眼前多，从长计议少，致使很多情况了解得半明半暗，很多问题研究得不深不透，给缜密谋划、科学决策和开拓进取带来了困难，无疑，它不利于改革开放和现代化的建设。这样的例子很多，我不想具体列举了，但无论是在所谓的"官场"还是在学术界，这个问题都存在，所以解决这个问题应该是官员和学者共同面临的任务。

居高思险 知低求进[*]

近几年来，我司每年都组织召开两个重要会议：一个是全国发展和改革委员会系统地区经济工作会议，一个是地区经济司工作会议。前一个会议是总结整个地区经济系统上一年的工作，部署下一年的工作，对全系统做好地区经济工作提出要求和希望；后一个会议则是在我们司内部，通过一种特殊的形式来总结工作，集全司智慧来探索进一步发展的思路与方式。从工作角度来讲，地区经济司是整个发展改革系统推动地区经济工作的主力与核心，如果我们不能把自己的问题解决好，不能在我们内部统一思想、凝聚精神、廓清方向、明晰思路，就难以推动整个地区经济战线不断地开创出新局面、迈上新台阶。因

---

[*] 本文系作者于 2010 年 2 月 6 日在地区经济司工作会议上的讲话。

■ 2003年3月，作为《政府工作报告》起草组成员在全国人大十届一次会议会场留影

此，从这个角度来看，地区经济司工作会议更为重要。从实际情况来看，这几年我们的司工作会议每次都开得不错，从某种程度上讲已经形成了一个品牌，成为我们自己的期待，也或多或少地引起了别人的关注。

刚才，司里的几位负责同志分别就过去一年全司的业务工作、党风廉政建设和工会工作作了总结，讲得很全面；8位处室负责同志从不同的角度、采取不同的形式总结了过去一年的工作，对下一阶段的工作提出了建议和意见，讲得也很好；刚才，我们还对上年信息工作先进处室与个人进行了表彰，这既是对上年工作的一种具体总结，也是对大家继续做好今年或者未来的工作的一种直接激励。总体来看，这次会议开得很好、很成功，大家坦诚相见，发言有深度，气氛很和谐。对于同志们在会上提出的意见和建议，司领导班子一定会认真研究，会同大家把需要继承的优势有效发挥好，把需要解决的问题妥善处理好。

近几年来，我们攻克了不少难关，打了不少硬仗，干了许多各方面都称道的漂亮事情。经过艰苦的努力，依靠全司同志的辛勤劳动，我们彻底改变了地区经济司在委内处于边缘、比较涣散、辄于平淡的状态，站到了一个新的起点上，用实际行动践行了最初提出的"服务主题、影响主题，把虚做实、把实做虚，善于做事、多做善事"的工作方针，赢得了地区经济工作前所未有的红红火火的局面，受到了委党组的高度评价。我司过去一年的工作，可以说成果丰硕、成效显著、成绩突出，我们没有辜负各方面对我们的期望，用实际行动再一次证明了我们是一个团结、和谐、奋进的集体，是一支有战斗力、创造力和凝聚力的队伍。委领导在地区经济系统会上用了四个"最"进一步对我司工作予以了充分肯定，即过去一年是地区经济工作任务最重、涉及范围最广、取得成果最多、受社会关注度最高的一年。在我司领导班子民主生活会上，委领导负责同志再一次重申了这四个"最"，并且指出这个评价是客观的、是符合实际的。这表明我司去年的工作没有辜负委党组和其他各个方面的期望。但是，越是到这个时候，我们越是要保持清醒的头脑，切实增强忧患意识。我们要清醒地认识到基点越高，挑战也越大，上攀的难度也越大；成效越显，压力也越重，面对的环境也会越来越复杂。这里所说的环境不仅仅是我们自身的要求高了，同时也要看到别人对先进者的眼光也会更挑剔。委领导提醒我们要谦虚谨慎、戒骄戒躁，还在民主生活会上引用古语予以告诫："木秀于林，风必摧之；土堆于岸，流必湍之"。何况，我们也不是十全十美，仍然有很多薄弱环节要克服。所以我们一定要"居高思险，知低求进"，认真做好各项工作。几位司领导的讲话对去年工作总结得很全面，对今年的工作部署得很具体，我很赞成，因此我不再谈具体工作了，还是像上几次一样讲务虚。按照"居高思险，知低求进"这样一个主题，我讲三点意见，归纳起来是三个"再"：

第一，要再添一点干劲

这是进一步做好工作的需要，也是体现我们精神素质和人生价值的需要。首先，我们的工作已经站在了一个很高的基点上，要攀上更高的目标，开拓地区经济工作的新局面需要增添干劲，需要付出比原来更多的气力，这是不言自明的道理。其次，要实现人生价值也需要一点干劲。我们常说"位卑未敢忘忧国"，我们是芸芸众生中的一员，把自己再抬得高一点，无非也就是国家机关数以万计公务员中的一员，绝对谈不上显耀。但是换一个角度看，我们又是非常重要的，我们每一个人都处在一个重要的岗位上，这个岗位能够使我们为国家作出贡献。因此，虽然我们职位不高，或者说位比较卑，但是应该也能够通过自身努力为国家作一点贡献，于己这也是体现自己能力所在、智慧所在的一种需要。常言道"人生能有几回搏"，行不行，就看自己的努力，而有时候行不行，就取决于那么一点干劲。我记得《沙家浜》里有一句台词，大致的意思是最后的成功取决于再坚持一下的努力之中。这种感受就像人跑百米冲刺一样，差不多到了生理忍耐极限的时候，也往往是要冲刺的时候，如果你不坚持一下冲过去，就必然会功亏一篑。所以在我们人生走到一些坎上时，很大程度上就需要再增添一点跨过去的干劲。最后，保持身心健康也需要一点干劲。阳光的人都是充满干劲的，你何曾看过一个萎靡不振的人是充满阳光的？所以要保持身心健康也要有干劲。只有充满干劲，你的笑容才能更多一点、精神状态才能更好一点，才能充满朝气、精力充沛地度过每一天。因此，于大于小、于公于私、于人于己我们都要再增一点干劲。

第二，再增一点修养

这几年，地区经济司的的确确有了一个好的局面。委领导在民主生活会讲话中特别强调，地区经济司是团结的，是有战斗力的。那么，我们的团结、战斗力来自哪里？一个重要根源是我们的修养。修养既与生俱来，古语云"人之初、性本善"，这里的"善"我理解就是一种修养；这也可以从别的方面反映出来，比如年龄再小的孩子都有产权意识，给他一个东西就抓着不放，这也是人的一种先天品性，也可以说成是一种先天的修养。但修养又更多是后天打造的，其实我们一生都在打造修养，打造程度不同，修养自然就有高低之分。增进修养是提高人生品味的需要，也是做好工作的需要。修养说小很小，说大很大。说小，修养好可以把一件事办好，可以把一场争论平息；说大，修养好坏可能影响到整个国家的安定团结，关系到一个民族的生死存亡。因此，无论从提升人生品味来讲，还是开创性地做好地区工作来看，我们都需要再增加一点修养。那么，增一点修养，到底要增什么？我认为要"增"三个方面：其一是要增一点学识。学识是修养的基础，多读书、读好书，就自然而然、潜移默化地形成了高品味、高素质、高修养。委领导在民主生活会上特别强调，我们不仅要看文件，还要多读书，对此我是十分赞同的。我们司要努力形成多读书、读好书的优良风气。同志们不仅仅是要看文件、写文件，还要看点闲书，多看那些似闲却有用的书，经、史、子、集等都要学习。我特别希望年青同志能多看点书。从我自己来看，每天的报纸再不好看也要翻个标题，通过标题掌握动态与信息，你们年轻人说到的许多时髦术语，我都不陌生。我没有去看电视，但是我知道电视剧的内容，这些信息都是通过读报读书来间接获取的。我希望在我们司营造与树立学习氛围，全司同志要多学一点文学、多学一点哲学、多学一点历史，文学使人幽默、历史使人厚重、哲学使人睿智。在工作和生活中，要多增加一点学识，要做到兼收并蓄，这样就不心虚、有自信、敢开拓。换句话说，有了"一桶水"的水平去做"一杯水"的工作就容易了，即所谓"腹有诗书气自华"。其二是要增一点理性。要维护地区经济司这么好的工作局面，理性很重要。如果大家都不理性，问题就复杂了。增加理性，应该注意以下几点：一要准确定位，相互支持。既要充分履行职能，又不越权出位；既要积极向上，又不恣意妄为；既要严于管理他人，又要坚持以身作则。如果能做到这一点，我们的理性成分就高了。二要换位思考，相互尊重。我们每个人都有各自的优点和长处，但是无论你有多大本事、权多高、位多重、资历多老，对别人都应该保持一种敬畏心理，保持一种尊重姿态，特别是要注重换位思考，多从别人角度考虑问题，多设身处地为别人着想，不吹毛求疵，不苛求于人。特别是在工作中，虎着脸也是说，笑着也是说，但实际效果会完全不同。三要善以待人，相互扶持。这一点我在司里反复强调过，地区经济司今天之所以能够形成这么好的司风，在于我们一直强调友情操作，强调我们是工作上的战友，是生活中的兄弟为姐妹。一个机关最怕搞成恶性竞争、人人自危，如果那样，团结和谐的好局面就持续不了，你就不会感觉到每天进入办公室都充满阳光，老觉得别人在说我，老觉得别人跟我过不去，看到谁都一脸不高兴，你看别人不高兴，别人看你自然也不高兴，整个集体就都不高兴了。所以工作、生活中我们一定要相互帮助、相互提携。我们要求大家必须坚持原则，对一个人的大问题特别是本质问题绝不能文过饰非，但也要习惯在关键的时候替别人说好话，习惯于用君子之心来揣摩别人。习惯于真诚地说别人的好话，实际上是一种气质，一种胸怀，可以说今天我们司已基本形成了这种风貌。比如说，现在在考核提拔干部的时候，司领导班子和全司同志的测评意见能达到高度一致或者说高度统一，这除了我们某个同志表现好这个基础原因外，还有一个重要原因就是大家的心态好，有大胸襟，能够看这个同志的主流，善于用宽厚的胸怀去待人。四要谨言慎行，相互警示。切记遵纪守法，在工作生活中不出大格，要会比较、知感恩；要积口德、讲团结。许多话说的时候要思考再三，有时候还要选择合适的语言与表达方式，同样表达了一个观点，别人听起来可能会很舒服。我们不可能没有矛盾，工作上可能思路不同，认识上可能角度不一致，利益上或多或少会产生冲突，这个时候需要理解、大度。在处理矛盾和团结问题上，我希望大家一定好好读读《负荆请罪》的故事，学学蔺相如的豁达与大局观，学学廉颇勇于改正错误的精神，这会对我们大有启发。其三是要再增一点气魄。气魄是实力的反映，也是修养的体现。我们要有这样一些气魄：要举重若轻，特别是在碰到艰巨任务的时候；要大智若愚，特别是在对待不正确批评的时候；要登高望远，特别是在对待困难和挑战的时候；要开拓创新，特别是在对待过去的成绩和功劳的时候。

第三，再长一点精神

毛泽东主席说过，人是要有一点精神的。这是他对辽沈战役中解放军攻打锦州时，面对着满山遍野挂满树枝的老百姓的苹果，战士忍着饥饿不吃一个的生动实例的点评。毛泽东主席从战士们不吃老百姓的苹果，讲到人是要有一点精神的，讲到军队应该有一种精神，讲到党应该有一种精神。说实话，我一直把这句话奉为我为人处世的一个准则。精神是一切行为的支柱，精神垮了，工作就垮了，久而久之身体也就垮了。除了对待工作要有一点精神、对待同志要有一点精神外，我们还要特别强调，对待不公平的事也要有一点精神。我们都希望公平，但我们面临的环境常常会使我们面对一些不公平的事情，能改这种环境当然好，但大环境往往很难依个人力量在短时间内改变，或者说在大部分情况下环境是不可控的。比如，就我们自己来说，有再大的能力，也只能把我们司自己的事搞好，把司内的环境搞公平，司外的事情我们把握不了，外部的不公平问题我们解决不了，即使有这个能力也没有这个条件。面对不公平的环境，我们怎么办？在这个问题上，同志们还是得有一点精神。首先，要看开、要大气，既然外在环境一时改变不了，非得要去计较一下，就是和自己过意不去。我的一位老领导曾经以自己的经历讲到人生尽量不要跟别人掰腕子，也不要跟自己掰腕子，我以为很有道理，这里面体现了一种大气，一种处世的态度。对待不公平，自己解决不了，生别人的气，跟自己较劲，都不值得。此外我们也要看到，世间难有绝对的公平。就是让你去搞，也不可能做到绝对的公平，世间没有一个特别精准的公平参照物，也没有一个绝对好的制度系统来保障做到一丝不差的公平。既然如此，同志们要正确对待，要坚持比较思维，多向下比较，多和自己的过去比，生活中大家都习惯于往高处比，这样就会越比越沮丧，越比越没有干劲。要学会逆向思考，多思位高权重之弊。当然，在我们司，我们司领导班子一定会加倍努力给大家创造一个平等发展的机会，会为每一位同志着想，支持大家发展、帮助大家进步，这点请大家放心，我们不会搞裙带关系，会把每一位司里的同志当作自己亲人看待。这两三年里，同志们也看到了我们班子也是这样做的。但即便我们这样做了，也不见得每个人心里都满意，因为可能还达不到你的期望值，可能跟别人比你认为进步还不够大，这个时候大家要理解、要大气、要有一点精神。

我想，如果我们做到了上面谈到的这些方面，不但我们今年的工作能跨上一个新台阶，今后的工作也会持续进步。我相信，我们这样一支具备了良好作风的队伍，一定能够居高思危、严于律己，知低求进、自强不息，不断把地区经济工作推向一个又一个新的水平，赢得今天和未来。

今天就跟大家务点虚，讲了这么三个"再"，谈得不对的地方，欢迎同志们批评。又到了过年的时候了，春节对于我们大家来说是最重要的日子，辛苦了一年，我也希望大家利用春节好好休息一下，放松一下。除非特别必要，不会安排同志们节日加班。各处负责同志在安排工作时在不影响工作的前提下，尽量让借调的同志提前一两天回家。借此机会，向全司同志并通过你们向全体家属们致以春节的问候，祝大家身体健康、阖家欢乐、事业顺利、前程似锦！

知足知不足[*]

一年一度的地区经济司工作会议的内涵可以用四句话来概括：总结分析、安排部署、提醒警示、加油鼓劲。同往年一样，今年的司工作会议我以为依然开得非常圆满、非常成功。几位司领导分别代表司领导班子就全司工作、促进中部崛起工作、党支部工作、工会工作作了总结安排，也提出了要求。各处室的负责同志一方面对自己上年的工作状况作了简要回顾，对今年的工作打算作了初步介绍；另一方面也对司里和处里的工作提出了建议或要求。今天，还有青年代表、借调同志代表作了发言，他们都做了精心的准备，讲了很多动情的话。我的感觉是：大家都讲得非常好，既有认识又有对策；既有高度又很务实；

---

[*] 本文系作者于2011年3月12日在地区经济司工作会议上的讲话。

既很合理又很入情。我对会议的评价是：很热烈、很厚重、很务实，再借用目前很流行的网络语言说一句：很给力。顺便说一句，我以为，今天会议组织得很不错，综合处考虑得很周全。要是没有青年同志和借调工作同志的发言，会议也许会逊色很多。当然也有一点遗憾，受时间所限，有一些想发言的同志没有能够发言。其实，这样的大家愿听的会议，时间可以再延长些。

按照惯例，大家发完言以后，我要讲务虚。在这几年的司工作会议上我一直都讲的是一些跟工作总结安排没有太多关系的虚话，譬如，2008年讲的主题是"责任、程序、理解"，2010年讲的主题是"居高思险、知低求进"，但是今年大家实的虚的都讲了，留给我讲的空间似乎不太大了。所以一直琢磨到现在，讲点什么在我脑海里还不够清晰。但是刚才同志们一个接一个的发言，牵引我在思考一个重要问题：这些年我们自身的发展与工作环境的变化，会不会给我们司带来一些新的情况，产生一些特有的毛病？比如说，其一，地区经济工作已从比较冷清的状态变得红红火火，各方面给予了我们很高的评价，我们会不会因此产生骄傲情绪，认为做到这份上已经很不容易了，是不是可以停顿一下、休息一下、居功自傲一下了？其二，刚才很多同志在发言中谈到，我们现在的工作起点已经很高了，已被托到了很高的位置上，再往前攀登非常困难，但是我们面临促进区域协调发展的任务又的确很艰巨。我们的工作如何继续往前突破，怎么巩固已有的好形势，怎么继续开创工作的新局面，的确很困难。在这种情况下我们会不会产生畏难情绪？这是从工作角度讲。从我们自身角度讲，这些年在党组的关心下，我们的队伍壮大了，我们从十几人、二十几个人，现在三十几个人，再加上借调同志共计五十多个人，一个庞大的队伍。我们的机构也发展了,大家看看,我面前8个处长加上一个办公室的负责同志,齐刷刷地坐在这里。一个司局有八九个处室,这在委里司局来讲是比较少见的。而且这几年我们绝大部分同志都进步了,提职提级了。在这种情况下,我们会不会产生自负情绪?特别是有些同志的年纪越来越长,职务越来越高,会不会因此觉得自己资格老、级别高,从而产生对其他同志的不尊重?这是一。再者,随着我们事业的发展,越往前走,同志们发展空间、发展机会越来越大,但是到具体操作过程中,则可能是难度越来越大,同志们业绩显著,对地区经济工作贡献很大、功不可没,自身基本资格也具备,但由于各种原因,不是每一个同志有功劳就可以得到提拔、不是每一个同志到了年限就能够得到升级,在这种情况下,会不会产生一种埋怨情绪?如此等等。在恭听大家的发言时,我在思考这些问题,而这些问题解决不好,就会影响我们司的发展、妨碍我们司前进,成为我们不断开拓创新锐意进取的桎梏。思考至此,我琢磨,今天同大家的务虚是不是基于这些问题谈谈这样一个话题,即辩证认识"知足知不足"的道理,给大家提个醒,给一点建议,供大家思索与参考。

围绕"知足知不足"这个题目,我想谈两个观点。

第一个观点,知足知不足是一种素质

关于知足与知不足的道理从古到今都有精辟的论述。在古代像孔孟这样的大家,都有深刻的阐述。而今天,也有很多有识之士做过精到的分析。但是一落到具体的实践中,就并不那么容易了。并不是所有的人都懂得知足不知足,懂得知足不知足的人也不一定都能身体力行。这对于一个人来说，是有多方面的要求的，不仅需要智慧，也需要勇气；不仅需要严谨，也需要胸襟。因此，知行这五个字，也就是正确认识"知足知不足"，科学地或者扎实地践行"知足知不足"，是一种素质、是一种品位、是一种境界。所以，我们要在这方面狠下功夫。我先谈一谈我对知足与不知足的一些理解和想法，与大家讨论与分享。

先谈知足。对"知足"我认为特别重要的是要领悟两点：一是知足而守底线，从而不贪求，避耻辱。老子说"知足不辱"，意思是要长怀知足之心，知足才不至于受屈辱。《道德经》也讲"祸莫大于不知足"，告诫不知足必然招致灾祸。把握这一点很重要，很多问题的产生、很多祸害的到来都源自于这个认识上出了偏差。我想，似乎可以有这样几句话来诠释知足：要懂得"广厦万间，只睡卧榻三尺"，要懂得"人间纵有千般好，两眼一闭万事消"，要懂得"高处不胜寒，权力头上一把刀"。所以，要守住底线，知晓进退，适可而止，见好就收。二是知足而去愤恨，从而顺心气、护团结。人因懂得知足而形成一种良好的心态。你要不知足，就自然而然地产生一种愤懑心理，从而眼不净、气不顺，老觉得别人欠你的，总想到别人对不起你，这样容易高估自己的能力和业绩，也往往会忽视别人所做的工作。把握"知足"这一内涵，要知道理解和体谅别人，要懂得馅饼不是从天上掉下来的，不要把所得都看作是应得。拿个人的发展进步来说，有些人级别升迁就很快，两年升一级三年升一级，据实而言，不见得这些人作的贡献都比我们今天在座的各位同志大，但是人家就升上去了。这几年，我们研究制定了一系列促进区域协调发展的战略规划与指导文件，由于工作需要，有关地方设立了一些高规格的机构，因此也提拔了一批干部。要论贡献，我们司的一些同志肯定不会比他们少，却没有这种机会。但同时，我们也要看到，地方很多同志比我们辛苦，付出的劳动比我们多，但升职却很不易。刚才有借调的同志谈得非常真切，在地方一个地厅级单位，能当上一个处级干部都相当困难，或许是一个人一生的追求，但在我们中央国家机关，当个处长就容易多了。所以，一方面，你要知足，把这个事情看得淡一些；另一方面，你要认识到，不是说你有了贡献，有了资格，你就一定能升职晋级了，需要有人帮，有人推。你的发展进步往往是很多同志推动的结果。千万不要把你的所得看作是应得的，要看到有很多同志应得却没有得到，他们的贡献可能比你大得多。而如果没有其他同志帮你做工作，你也得不到。认识到这些，你的心态就会摆正，就不会怨天尤人，也不会盲目放纵。还要懂得"一损俱损、一荣俱荣""众人拾柴火焰高"的道理，时刻注意维护团结；要懂得尊重别人，你要得到别人的尊重，就必须首先去尊重别人；要懂得宽容宽厚，给别人宽松就是给自己宽松；要懂得知恩、感恩、报恩，知道"滴水之恩当涌泉相报"。所以，要摒弃愤恨，调整心态，扩展胸怀，谦恭待人。知足还有很多内涵，但我以为关键是把握这么两点。

再说知不足。"知不足"内涵很丰富，但关键的我以为也是两点：一是知不足而求进取，从而戒自满、常追求。这一点非常易懂，知不足而后学，这是老祖宗早就教导我们的道理。把握了这一点，就懂得用自己之短去比别人之长，知道山外有山、天外有天；就会知晓学无止境、业精于勤，就会勤奋钻研，通过刻苦学习、励志、正德、启智、养心。二是知不足而懂敬畏，从而知谦逊，勤钻研。秉承这种思想，就会敬畏知识、敬畏能者、敬畏社会、敬畏组织，而不会莫名傲慢，不会无端自大，也就会懂得自律自警、谦逊谨慎，踏实做事，诚恳为人。

第二个观点，知足知不足需要理性

刚才我谈了"知足知不足"的内涵和相关的一些道理，谈了它给我们带来的一些很重要的启示，但重在身体力行。真正要做到知足知不足，需要理性、需要智慧，而前提是能正确认识自己，严格要求自己。在这方面，我以为重要的是把握好如下三个方面：一是心态上要知足，状态上要知不足。我们为人做事心气不能太高，不能够好高骛远，不能够不切实际，不能够眼高手低，不能够好大喜功，要保持一种合适的心态，这就是心态上要知足。而状态上要知不足，就是要始终保持一种好的精神状态，即勇攀高峰的精神、百折不挠的精神、创先争优的精神，要自加压力、自觉负重前行，要敢于创新，不能墨守成规。如果我们在精神状态上萎靡不振，感觉自己已经做到顶点不能再发展了，在工作上那就会逐渐垮下去。有的同志发言谈到，我们今天做得好，不等于明天也能做得好，我以为这种忧患意识是非常必要的。我们要始终保持一种亢奋的斗志，而这种状态的基础是思想认识，因此我们的思想认识基点要高，视野要宽，眼光要远。在这样一个思想认识平台上我们才会有永远向上的精神，才会有位卑未敢忘忧国的使命感，也才会有不断开拓进取的状态。二是权力上要知足，能力上要知不足。也就是人们平常所讲的"名利上要有满足感，能力上要有危机感"。做到这一点，也要有一点精神，有一点牺牲精神，有一点自省精神。为什么这么说？人们一般都迷恋权力，更多地考虑到我应该站在什么样的权位上，很少去考虑衡量他的能力是否匹配权位；人们往往热衷于追求利益，很少思考他追求的利益是否合理；人们常常想到的是别人应该给我什么，很少去想别人为我做出了什么。所以，要基于奉献和自律的角度，认真审视权力和能力的关系问题，从而在这些关键问题上做出深刻的思考和正确的决策。果若如此，一个单位就会有战斗力，一个单位就会很和谐。所以，要正确认识权力，慎重使用权力，不要迷恋权力，不要为名利所累，不要为私欲所扰，不要为利益所惑，要多找自己的短处，多考虑自己的能力是否符合工作的要求，是否能圆满地、创造性地履行好自己的职责，从而把努力的重点放在全面培养和提升自己的能力上。三是索求上要知足，追求上要知不足。说到底这是一个修养问题。人都有需要，自然就会有索求，但索求要有限有度有节制，不仅如此，还要有傻子精神，敢于吃亏。不要总觉得自己奉献的多，得到的少，不要老感到不公平。否则，就会丧失工作斗志，在极端情况下，则会产生捞一把的攫取心理，从而犯错误、栽跟头。不可否认，我们还面临着很多的不公平，你付出了，不一定能得到，你很优秀，但不一定能得到提拔。有时候前后一比较，的确让人心不平、气不顺。现行管理体制和运行机制，确有一些值得抨击和改革的地方。但几次务虚会上我都讲过，有些东西恐怕一时半会还改不了，你一定要去较这个真，只能是自己跟自己过意不去。面对着这种情况下，你要调整好心态，你要学会豁达，想想你参加工作的目的，想想你作为共产党员的责任，想想拥有级别、财富和名利并不能从根本上决定人在历史上的价值。索求上要知足、要自律，但在任何时候不可丧失追求，要不断追求远大的理想，不断追求最好的工作境界，做到生命不息、追求不止。索求多的人往往追求少，一旦利益到手，也就不再努力；索求多的人往往怨气也多，总觉得别人欠自己的多。少索求，多追求，是一种崇高的境界，是一种优良的品质，做到这一点，需要不断加强自身修养，包括加强理论修养、政治修养、道德修养、作风修养等。需要保持一种淡定、宽厚、上进的心理状态。古人云，宁静致远、淡泊明志，我想，这从一个角度很深刻地阐明了索求与追求的关系，我们应当牢记在心，用力践行。关于知足知不足，我就讲到这里。讲了这么多，我以为自己实际上是在讲一种思考问题的方式，是从哲学角度来谈我对一些问题的看法。我相信大家听了以后不会觉得跟大家没有关系，不会觉得不着边际、云天雾地。

最后我想谈一点感慨。过去 5 年来，在上级领导下，我们这个集体齐心协力、风雨同舟，打造了一个崭新的工作局面，这个新局面概括为两个方面：一是我们动员了一条战线，把地区经济工作系统这条战线的劲头鼓起来了；二是我们塑造了一个群体，我们全司同志紧紧团结在一起，并肩战斗，奋力拼搏，我们的团队充满阳光、蒸蒸日上。从今天会议的热烈气氛中、从同志们充满深情的发言中都能感受到我们司不同于别人的风貌与精神。我们有一股敢为人先、勇于攀登的斗志，有一种意气风发、成竹在胸的势态。包括同志们今天在会上所提出的意见和建议，都是充满理性的和阳光的。这个局面是来之不易的，我们很多同志为此付出了心血，包括很多借调工作的同志。这几年，前前后后来帮助我们司工作的同志可能有五六十位，他们来到这里，把这里当作自己的单位，甚至当成自己的家，全身心的投入，吃苦受累，任劳任怨。而地区经济司也像一个熔炉，无论谁来到这里，都会受到冶炼、锻造，变成了一台勤奋工作的机器。这次，我们特意点名让某些已回原单位的借调同志来我们今天会议，其实就是想表达对他

2010年在重庆市做扶贫工作调研（左一为作者）

们的一种感谢之情。我们一些外地借调的同志远离家乡与亲人，有一些北京借调的同志家住得很远，但坚持每天按时上班，从无例外。工作任务重，也从来也没有听到过他们的埋怨，的确难能可贵，也让人深深感动。差不多所有的借调同志都是这样。其实不只是借调的同志，我们司新来的同志、已在司里工作较长时间的老同志，也都是这么一种精神状态。但是我的感慨不在于此，我是想说，是共同的工作把我们聚在一起，让我们辛苦，也让我们快乐。芸芸众生中我们这些人能在一起工作，不能不说是一种缘分。俗话说"五百年修得同船渡"，同坐一条船尚需五百年修的缘分，我们能在一起待一个月、一年，甚至有些同志一起在司里待几十年，这又该是多少年修的缘分？我们工作在一起，有一些特别值得纪念和总结的东西，我们应该倍加珍惜。所以，我一直反对把机关弄得人人自危，我和班子里的同志一直在想方设法把我们司建设成一个充满阳光温情而又富有战斗力的大家庭。应该说经过这几年的努力，我们初步达到了这个目的。大家走在一块不容易，我们的主要任务是干事业，但是必然的副产品应该是形成一种即便退休了分开了都抹之不去的深厚感情。我以为这一点更加重要和可贵。地区经济司已经有了一个好的基础，有一些好的风气与习惯，我们应该继承发扬下去，我今天讲这么一番话的真正目的就在于此。把这个道理想明白了，我们就会以一种非常健康的心态去对待领导、部下、同事，就能够正确处理好各个方面的关系，哪怕级别低一点、待遇少一点，也会觉得不吃亏。所以，我希望同志们秉承这种精神，特别是上面讲到的知足和知不足的精神，真正地把我们这些年所共同努力开掘的这些思想精髓体现在工作中去，通过努力，推动我们的工作一年又一年不断迈上新台阶。不仅仅是推动工作，我所更为看重的是保持这样一种状态：无论我们的人员发生怎样的变化，地区经济司这个营盘永远是富有战斗力的、永远是受各个方面尊重的，哪怕用流行的话说：叫人"羡慕、嫉妒、恨"，这都是好事，说明我们干好了。所以，我希望我们大家共同努力，把地区司昂扬向上的精神传承下去，求真务实的作风传承下去，骁勇善战的能力传承下去，团结和谐的风尚传承下去，让别人瞧得起，让我们自己也舒心。通过努力持续开创这条战线的新局面，持续开创我们地区司的新局面，为国家和人民奉献更多的智慧与力量。这是我内心深处的一个愿望。

严于律己 宽以待人[*]

与往年地区经济司工作会议相比，今年的会议增添了不少新的元素，其中比较大的有两个：一是我们邀请了曾经在地区经济司工作或战斗过的挂职、借调同志，返回司里来参加会议；二是昨天预先召开了两个座谈会，分别是挂职借调同志座谈会和青年同志座谈会。这些新元素的加入，使得本次会议的形式更加丰富、内容更加充实，内涵更加深刻，效果也更加别致。

在中央的统一部署和委党组的直接领导下，经过全战线同志的共同努力，地区经济工作站在了一个新的起点上，但也处于一个关键的发展时期，如何保持好局面，开拓新局面，为国家经济社会发展作出更大贡献，是我们一直在思考和探

---

[*] 本文系作者于 2012 年 2 月 18 日在地区经济司工作会议上的讲话。

索的重大课题。我在不同场合多次谈到，尽管全国上下都在积极促进区域协调发展，但是，推进这项工作主要还是靠我们地区经济工作战线，而要把地区战线的作用发挥好，又主要靠处于负责这项工作前端的地区经济司。没有我们的艰苦努力，很难谈得上其他方面的联动跟进。而要真正做到这一点，首先是廓清思路。刚才司里几位负责同志，分别就司里的一些主要工作谈了去年取得的成绩，也谈了今年的工作思路。但仅廓清思路是不够的，更重要的是要厘清思想、端正态度、升华情操、提高素质，与以往一样，我们这次工作会议的主要目的仍是解决这个问题。

当前，我们面临的工作任务仍然十分繁重。综合来看，与工作任务直接相关的目标有两个：一个是促进区域协调发展，这是我们的直接目标。但促进区域协调发展不是最终目标，还有一个更长远、更宏大的目标，那就是促进国民经济又好又快发展，或者叫保持国民经济持续平稳较快发展。围绕实现上述两大目标，我们要着力于开展两条战线的工作：一是继续积极推动条件较好地区加快开发开放，使其在全国改革发展中发挥试验示范和引领带动作用；二是继续大力支持欠发达地区加快发展，把区域发展的短板尽快拉长补齐，使其在区域经济发展中逐渐体现出崛起效应。从操作角度来看，我们同样面临着两个重大任务：一是如何巩固当前的好局面；二是如何开拓新的境界。面对如此繁重的工作任务和艰巨的工作目标，我们需要全方位强化能力和举措，但我认为最为重要的一条是进一步提高我们的思想水平、坚定我们的道德操守，从而增强我们的战斗力。如果说我们有什么基础工作的话，那么这可谓基础的基础了。如果我们在这里夸夸其谈、信誓旦旦，回去后却按兵不动、无动于衷，或者因循守旧、故步自封，就不会有什么巩固,也不会有什么开拓。我们今天这个会议,应该说集中了各个方面的智慧,围绕端正思想、提高素质等重要问题,大家提出了很多很好的想法和建议,这对我们进一步提高工作质量和水平无疑将起到重要的作用。

既然思想水平、道德操守对推进地区经济工作如此重要,那么我们应该立足于哪些方面夯实这个基础呢?考虑再三,我认为关键的问题是如何对己——怎样认识自己、怎样要求自己;如何对人——怎样看待别人,如何正确处理好同各方面的关系,包括同司里同志之间的关系。简单地说就是以怎样的姿态、以何种方式来为人处世。这里面集中体现了一个人的素质,需要一个人有必要的修养。而对于如何待人处事,古往今来,有着极其丰富的论述,其中很多可以说是老生常谈。但我以为,正是许多为人们所熟悉又往往为人们所忽视的老生常谈的东西,实际上却可能是我们真正需要把握,但长期来并没能把握好、也很难把握好的东西。所以,依照惯例,我的发言仍然不谈具体工作,也想做一个老生常谈,围绕我们平时常说的一句话——"严于律己,宽以待人"谈一些看法,把它们作为我对司里提高思想水平、道德操守的一个建议。我主要谈三点:

第一,"严于律己,宽以待人"是我们应该具备的内在品质

我初步查了一下,"严于律己""宽以待人"这两句话分别出现于宋、明时期。以宋朝而言,至今已逾千年。一直流传着,说明其所阐述的道理非常重要。也就是说,1000多年来,人们一直把"严于律己,宽以待人"当作衡量一个人德行品质的重要准则。"严于律己"是一种

高尚的操守，一般地说，常常责人的人不一定能严于律己，所以，才伴生有"君子责己，小人责人"等说法。"宽以待人"不仅是一种优良的素质，而且是一种高超的领导艺术和高水平的行政能力。所以，能否做到、做好这 8 个字，可以直接衡量出一个人的品德与素质的高下。当然，我们还要强调一点，那就是"微瑕不掩碧玉，浮云不遮艳阳"，也就是说即使是君子也可能有缺点和不足，也可能犯错误，但关键在于你能否认识到自己的问题并能够自查、自省并及时改正。

"严于律己，宽以待人"还是一种正确的人生态度。人的本性或者说人的本能之一是"严于待人，宽以律己"。也就是说，我们大多数人在听到别人的批评意见时，总会感到不太舒服；而自己在作总结的时候，往往是讲成绩长篇大论，讲自身存在的不足则往往轻描淡写、一笔带过，除非特殊环境所迫，真正能够坐下来深入剖析自己毛病的人实际上并不多。相反，我们在查找别人毛病的时候，却往往理直气壮，特别是在气氛比较紧张的时候，甚至会"刺刀见红"、毫不留情。与此对比，"严于律己，宽以待人"就是一种正确的、难得的人生态度，它体现着严谨，也体现着豁达；它包含着警醒，也包含着宽厚；它还代表着深沉，代表着自信。反过来说，可能使人感悟得更深透一些：如果放松自己，苛求别人，则会恶化自己的工作与生活环境，小则无所事事，大则毁掉前程。所以，我同意不少哲人的看法，应该把"严于律己，宽以待人"作为一种规范的待人之道，作为为人处世的一条重要准则。因此，我认为要进一步提高我们司的战斗力，应该把"严于律己，宽以待人"作为一种情怀和素质，共同遵守、精心培育。这样，不仅有利于工作，也有利于生活；不仅有利于产生工作绩效，也有利于改善人际关系。特别是作为想干点事、想为国家作贡献的公务员队伍中的那些有志有为者，更应该把这两句话作为我们的座右铭，身体力行、贯彻始终。

第二，践行"严于律己，宽以待人"要着力于一些关键环节

这是我想谈的一个重点。"严于律己，宽以待人"被反复吟诵与告诫，千年不断，在一定意义上说是"老生常谈"了。基于"行"而言，既然是老生常谈，必有其难做之处。如何践行好"严于律己，宽以待人"？我想，一定会是仁者见仁、智者见智。在我看来，应该努力做到如下十个方面，或者说，要从如下十个方面来严格要求自己。

一是要忠于职守。这一点很重要。所谓忠于职守，就是要全心全意地投身到你所从事的工作中去。我们对目前所处岗位的态度无非有几种，有愿意的、有勉强愿意的、有不愿意的，但既然把你放在了这个岗位上，你就应该把它作为你这一时期的重心，真正忠实于它，真正把它做好。要干一行，爱一行，精一行，出彩一行，不能得过且过、做一天和尚撞一天钟。其实质不仅在于努力，更在于创新。创新带来的结果可能有好有坏，但创新永远是一个人忠于职守的一种重要表现。如果坐在自己的位子上碌碌无为，那就不能叫忠于职守。客观评价，我们地区经济司作为一个整体是忠于职守的，否则就没有这五六年来工作局面的重大变化；我们每一个同志也是忠于职守的，否则就没有那么多主动的加班加点，就没有那么多被广泛称道的成绩。作为人，我们何尝不想活得更轻松潇洒一些？但本着对这份事业的热爱，我们就得抵御诱惑寂寞，牺牲很多一般人都拥有的乐趣。所以，我觉得"严于律己，宽以待人"的第一着力点就是要忠于职守。

二是要乐于奉献。谈到这一点，我相信在座的年龄较大的一些同志应该是深有体会的。有一个时期，人们的奉献意识是很强的，奉献精神是发自内心的，一个最基本原则就是党叫干啥就干啥、党叫去哪就去哪。当时很流行的话，叫作"我是一块砖，全靠党来搬，去砌高楼很光荣，来修厕所也心甘"。昨天你还安安稳稳在北京上班，今天一纸调令要你到西藏去工作，明天你就义无反顾地打着铺盖卷走人，没有讲斤论两，没有讨价还价。我们的父辈其实都是这样。现在的情况似乎不一样了，社会上乃至公务员队伍中都出现了一些不好的风气。不要说让到艰苦的地方、干艰苦的事情，就是让出趟差，参加某个公务活动，有些同志也要掂量掂量是否合意，有时候也要推三阻四，往往把自己的事搁到前面，不能从工作和大局出发。这在过去是不可思议的。我们司有没有这种现象，大家可以反思一下。客观而言，我认为这种现象是存在的。与老一辈相比，我们应当进一步增强奉献意识，最起码在完成交办事项上不能讨价还价。当然，增强奉献意识不止于这个方面，还涉及如何看待名利，如何行使权责等。

三是要勇于承担。勇于承担也就是敢于担当。这里面有两重涵义，一是要勇于承担重任，二是要勇于承担责任。后一点尤其重要。在遇到困难的时候，要能够主动地担起风险；在工作中出现差错、招致批评的时候，要能够主动地承担起责任。按照这一要求，当司内有些处室在工作上出了差错，受到上级领导批评的时候，我作为司长，一定会挺身而出，第一个为你们承担责任，不会轻易把责任推卸到处里。但与此同时，在总结工作的时候，我们自身也要主动查找拥有的不足和存在的问题，尽量避免再犯同样的错误，这一点也很重要。经过这几年的努力，我们司的工作取得了公认的成绩，上级领导也给予了充分肯定，但我们不能自满，一定要认真查找自己的问题，并勇于承担责任。只有这样，才能不断前进、持续攀升。

四是要肯于钻研。深钻细研是做好一切工作的前提，也是践行"严于律己，宽以待人"的基础条件和基本素质。钻研的前提是要加强学习，我在不同场合都作过多次强调或阐述。我想强调的一点是，勇于钻研、善于钻研，不仅仅是要以书本作武器或载体，深度参与工作之中也是一个重要的途径。特别是年轻的同志，要主动参与各项工作中来，多承担一点重任。伴随工作过程耳濡目染、潜移默化，久而久之能力和水平也就提高了。我刚到司里工作的时候，有些年轻同志写个普通的综述都很不到位，一篇稿子我可能要修改到90%以上，而现在则只有不到10%了，这个结果就来自于大家的不断学习和钻研，就是平时不断压担子挑担子的结果。当然，几年下来，有些同志进步很快，有些同志还在原地踏步，背后的差别还是在于你是不是承担了任务、承担了多少任务，怎样对待这些任务，是不是认真钻研了。我常说，委里有的领导干部都亲自参与文件的起草修改，打着投影屏幕一个字一个字地推敲，我们就更应深入进去了。如果我们的年轻同志嘴上总说要如何如何进步，而又不去刻苦钻研，那么要想提高能力水平岂不是一种天方夜谭？

五是要善于包容。包容是一种胸怀，也是一种求实。之所以说是一种胸怀，就是你必须达到一定的境界，才能够包容他人的缺点和过失、能够包容他人的异见和独行、能够包容别人对你的误解甚至有意无意的伤害。之所以说是一种求实，是因为"金无足赤、人无完人"，每个人都会有缺点，也都会犯错误。自己做不到尽善尽美，显然也不可期待别人所做的都能让你满意。因此，我们在工作生活上特别需要相互包容和相互理解，上级需要包容下级，下级也需要尽量去理解上级。这样不仅工作容易做，富有战斗力，而且心情也会十分愉悦。

六是要勤于省查。古人云："一日三省吾身"，就是说每天都要多次进行自我反思、自我检查。自省自查是一种美德，要有"看人之大，看己之小"的境界，要明白和把握"自谦甚于自吹，自省甚于自谦"这样一个道理。我在司里一直主张，无论是司领导还是处领导，在批评别人的时候，一定要看自己首先做到了没有。在这方面，多年来我自己是一直这么想的，也是努力去这样做的。要求别人做到的，我自己要先做到；要求司领导班子做到的，我作为司长要先做到；要求处长们做到的，我们司领导班子先做到。我不敢说我所有方面都做到了，但是我可以毫不谦虚地说，我在绝大部分情况下做到了。我们大家都要树立这样一种勤于省查的精神，在这样一个基本前提下，再去检查和批评别的同志的工作情况。"十一五"以来，我们组织编制出台了60多个区域规划和政策性文件，哪怕别的什么都没有干，光这60多个文件的调研、起草和审批，我们就付出了辛勤的汗水和很大的代价。仅从这一点来看，就表明我们的工作是十分努力的。由于这些区域性文件有高度也接地气，所以它们的实施效果很好、指导性很强，这一点也是各方公认的。凡是那些有国家战略覆盖的地区，其经济效益、发展速度、民生改善程度都远远超过一般地区。此外，经过多年探索，我们也形成了一套完整的促进区域发展思想理论和实践路径。因此，我们可以自豪地说，没有这几年的努力，就没有国家区域增长格局向好的改变；没有这些年的努力，就没有一个个充满活力、蓬勃发展的经济增长点。对区域发展的状况，全司的同志们要清晰把握，做到心知肚明，我们自己如果还说不清楚，至少说明你对工作没有真正用心

■ 作者在办公室工作留影

钻进去。当然,在感到自豪的同时,我也希望大家能够认真琢磨一下、反思一下,在出台的这一系列文件中,到底有几个是你从头到尾花了心血的?到底有几个稿子你亲自动手写了?其中体现的重大思路有几个是你的贡献或者采用了你的观点?地方的操作方案中到底运用了你的几个对策建议?所以,要真正做到"严于律己,宽以待人",勤于省查是一个十分重要的方面。

七是要慎于细微。就是说要切实严格要求自己,特别注重细节和微末之处,即所谓慎微、慎细、慎小。人们常常说,"细节决定成败",做好一件小事往往能够成就大事,反过来,疏于细节,则往往引致大祸。这决不是危言耸听,这是经验之谈,是无数经验教训换来的。仔细观察思考一下，就会发现实际生活和工作中的一些重大失误、事故，很多都起源于个别细微的差错，正所谓"千里之堤，溃于蚁穴"。反过来则是"天下难事，必做于易；天下大事，必做于细"。为此，我们在处理各项工作的时候，都需要以强烈的使命感和责任感，以更加严谨的态度，关注细节、把握细节、精于细节，力争使每一个细节都做到精益求精完美无缺。精于细节的宝贵之处还在于它能够体现出工作的责任态度和能力水平。而慎于细微是来自于一种历练和积累，对细节的高度重视和严谨把握不能止于一时一事，需要成为一种习惯，需要持之以恒。所以，我们的同志一定要时刻谨记责任和使命，把精于细微作为一种品质和能力来锻造。

八是要敢于信任。众人拾柴火焰高，团结一心力量大，而这种集体之力来自于相互的信任。做领导的要敢于放手，要真诚待人。经过这些年的共同战斗，我不能说我们司所有同志都是一个念头，都是一个思想，但我可以说，目前司里已经没有站在角落里说影响团结的话的人了。所以，外面来的同志包括借调过来工作的同志，一到地区经济司就感到了这个集体团结干事的劲头和齐心协力的精神。在这两天的会议上，曾经借调在司里工作的同志、目前仍然借调在司工作的同志都说了很多溢美褒扬的话，令我们很受感动和鼓舞，这里面体现了对我们的宽容和关爱。但我想，如果地区经济司一点相关的基础都没有，大家也不会违背良心折磨非要这样说。从深处剖析，我们司这种团结融洽氛围的形成，很大程度上归功于对司领导的高度信任以及同志们之间的彼此信任。多年来，我一直强调司内同志一定要讲团结、讲信任，绝对不能搞尔虞我诈和钩心斗角。记得在第一次务虚会上我就讲到，我们要让同志们每天到办公室时的心情都充满阳光。如果今天你跟我过不去，明天我跟你过不去，晚上可能连觉都会睡不着。有信任就有团结，有团结就有好心情，有好心情就有忘我的工作。所以，同志们之间要相互信任，做到真诚以待、以心换心，领导对部下要充分信任，做到"用人不疑，疑人不用"。司班子要对所有同志一视同仁，处长们也应该做到这一点。不仅如此，我还一直提倡司里要友情操作，工作上我们是同事，生活中我们则应是朋友，大家有职级之别，但没有亲疏贵贱之分。通过这几年的努力，我们应该说基本上达到了这种效果。

九是要长于关怀。这里的"长"就是擅长，也有"常常"的意思。是讲作为领导，应当把关怀之心施予每一个同志。我常说人与人相处要将心比心、以心换心。你可能面对的不是一个公正的环境，你可能对自己遭受的不平境遇充满怨言，但正因为如此，你更应知晓公平公正的可贵性，你就更应对你领导下的同志予以真诚的关怀。只要有条件，你就要对他们的出差、出国、提薪、提职等给予充分考虑，积极为他们努力争取。我到司里工作之初就在大会上讲过一句话，叫作"同志们忙事业，我们忙大家"。大家都明白它的意思。当然，能不能全部做到是一个问题，但更关键的问题是你努力做了没有。拿大家比较关心的干部发展问题来说，受各方面的实际限制，我们都知道提拔一个干部很不容易，需要到人事部门跑很多次，需要跟上级领导汇报很多次。值得欣慰的是，在各方面的关心下，我司在这方面工作上的进步是非常显著的。大家一方面看看这几年我司干部的培养提拔的情况，另一方面也相应想想司领导班子在这方面所做的工作的情况。不仅是司领导、各处室的领导也要长于关怀，对同志的关怀之心要长长久久。我特别主张大家平时要坦诚以对，不要阿谀奉承、吹吹拍拍，有什么说什么,但同志处于为难之时要出手相帮、面临关键时刻要鼎力相助。大家知道,我到地区经济司工作的那年年底搞优秀公务员投票,处级及以下同志获得这个称号的得票数最多的也没有10票,而现在获得这个称号的人的得票都超过了半数,这就是风气的变化。原来委里来司考察干部,提拔张三时一些人说他毛病太多,不能提拔,搁住了;提拔李四时一些人也说他毛病多,又搁住了,最后是一个个都提拔不了,全窝在这里。现在考核干部的时候,司领导班子的意见和司内其他干部的意见非常吻合。近几年来司提拔了这么多干部,没有一个遇到过阻力,民意测验都不错,这既是因为被提拔干部的条件符合,也得益于全司同志在关键时候的鼎力相助。我说过很多次,如果没有发现当事人在本质上有明显的问题,在关键时候一定要秉正鼎力推一把。不能平时搂肩拍背、亲热有加,在关键时刻却谤语相向、落石拆台。对同志的关怀要体现在平时,更要体现在节假日、生病时、退休后。刚才在会上又听到了借调同志发自肺腑的感谢之言,我的心情的确比较激动。我想我们为大家所做的一切都是应该做的,你们为司里的工作作出了贡献,对地区经济发展作出了贡献,我们理应记得你们、善待你们。我到司里后,每年年底都要请退休的老同志吃个饭,开个座谈会,司领导再忙都要尽量参加,也是出于这样一种心情,目的就是让他们感觉到一种温暖,体会到他们过去对司里、对工作的奉献的意义与价值。

十是要精于退守。意思是,在关键时候要认识到"退一步海阔天空",要能够做到急流勇退。精于退守是一种智慧睿智的表现。我收到过一个写着这样内容的短信:"当识人,识人不必探尽,探尽则多疑;当知人,知人不必言尽,言尽则无友;当责人,责人不必苛尽,苛尽则众远；当敬人，敬人不必卑贱，卑贱则少骨；当让人，让人不必退尽，退尽则路寡。有眼界，能看远；有肚量，能容忍；有锋芒，能内敛；有涵养，能自持"。这些话我不知道出自何处，虽然精华、糟粕都有，但我以为绝大部分意境是非常好的，是可取的，我们要真正做到并不容易。所以，一定要学会理性退守，懂得给自己和别人留有余地，在相互观点发生矛盾时，在自身利益受到损害时，要善于换一个思路来考虑问题，也许结果就会很不一样。这一点对同志们的成长、成熟，特别素质的提升可以说非常重要。

一个人的素质体现在哪里，可以归纳出很多话，甚至可以写一本书，但要用一句话表达，那就是"严于律己，宽以待人"。这句话很朴实、很直白，但思想很丰富很深刻。

这里我还要再强调一句，一定要珍惜我们这些年形成的各类成果，这不仅包括我们在工作上取得的成果，还要珍惜这些年我们一起探索形成的思想成果、文化成果，比如我们强调"有情操作"、强调"以人为本"、强调"全司同志为地区工作着想，司领导班子为大家的发展着想"、强调要"正确对待每个同志的提拔，认识到主观上是提别人，客观上是提自己；这次是提别人，下次就是提自己"等；此外我们在干部培养、廉政建设、系统服务、为人处世等方面都做了一些探索，都积累了一些成果。这就是我们司的独特文化，我们要将其作为宝贵财富倍加珍惜。

第三，两点建议

基于"严于律己，宽以待人"的相关知识，我最后给大家提两点建议或希望：

一是希望全司同志一定要把握好"严于律己，宽以待人"这个准则，做实干家，也努力创造条件适度做政治家和思想家。按约定俗成，政治家都是有一定行政级别要求的，但无论什么级别，作为国家公务人员都要学政治、懂政治，所以大家也要努力地适度地做政治家，或者说按政治家的标准要求自己。做好工作要有思想、善钻研，因此适度做一个思想家也是必要的。但是我更主张大家做实干家，更希望大家做实战家，脚踏实地地多做事、做实事、做成一件件为国家为人民有利的事。

二是希望目前仍在我司工作的借调同志和已经离开司里走上新领导岗位的借调同志，量力而行地做实干家，多做批评家和观察家。大家都能感到，我们对借调同志始终是一视同仁的，但你们远离家乡、远离亲人，来司里帮助工作，仅一视同仁还不够，还要"高看一眼，厚爱三分"。不仅司领导，我们处长们也要多多关心借调同志，处里搞什么活动，也要像司里一样，请他们时不时地来一下，逢年过节的时候，以处室为单位给他们发一个短信和贺年片，我觉得这也是对他们的一种鼓励和关怀。同时，作为我司的特别工作人员，我也真心希望借调的同志能够一方面要量力而行地做实干家，在各自的岗位上多做实实在在的工作；另一方面，要多做观察家和批评家，站在地方的层面，从第三者的角度对我们的工作提出意见和建议，推动地区司工作不断开拓进取、不断地迈上新的台阶。

今天说的这些话可以算作是对会议的总结，也可算是司里一员所做的一个发言或者说所提的一些工作建议，供大家思考、也请大家批评。

承你殷殷情 展我拳拳心 *

《天门籍在外人才名录》汇集了游居海内外的天门之子近万人，厚厚的一册摆放在我的面前。推辞再三，终究还是拿起笔来，应约为这本即将印行的人才名录写上几句话。这当然有拗不过的朋友情，但主要的，还是名录本身所蕴藏的内涵带给我的感动所致。

古语云，"一士其重九鼎轻"。又说，"国势之强弱，系于人才"。的确，人才是世间最为宝贵的资源。究根溯源，人才其实是决定一切的，一个国家和地区的实力、活力及潜力从根本上说取决于人才的数量与素质。换言之，对于一个国家和地区来说，人才状况鉴证着昨天，影响着今天，更决定着明天。正因为如此，一些地区不仅千方

---

* 本文写于 2012 年 8 月 26 日，系作者应邀为天门市委市政府所编《天门籍在外人才名录》所写的序言。

■ 作者在办公室工作留影

百计培育人才、聚集人才，也津津乐道于历史上曾经拥有的和现今已做远客的出自家乡的人才。而那些声名显赫者、位高权重者、成就大业者，更是成了地区的名片和故乡的骄傲。感谢上苍偏爱，给了天门一块滋养人才的沃土，使天门从古到今，英才辈出，贤良济济。这些卓尔不群的"天之骄子"，把天门的过去烘托得更厚重、把天门的现在装点得更灿烂。这本人才名录所展示的是遍布神州大地甚至五洲四海的天门籍现代人才代表群像。这中间，有为新中国诞生建立了汗马功劳的革命前辈，也有为国家改革开放和现代化建设作出了卓越贡献的革命前辈和中青年精英贤达；有参与治国理政、致力于经世济邦的领导干部，也有躬耕于府院圣地的术业有成、蜚声社会的专家学者。循序览读，有如走进百花园中，感觉万木葱茏、群芳竞秀；有如置身于威武军阵，体验旌旗猎猎、雄风荡荡，令人为之振奋，倍觉欣慰。

　　感谢家乡的人们。据介绍，这本人才名录是在天门市委、市政府的关怀下，天门人力资源和社会保障局的同志们几经寒暑，数易其稿，克服许多困难编纂而成的。这种努力，与名录中一个个有着生动故事和辉煌业绩的名字结合在一起，赋予了它远超过通讯联络功能的内涵和意义。在我看来，这里面有深情的牵挂。作为"浪迹天涯"的游子，故乡是我们共同的"母亲"。"儿行千里母担忧"，我们的冷暖荣辱时刻挂记在家人的心上。一本名录，系起了我们与故乡间的亲情纽带，体现出了母亲对"身在异乡为异客"的子女们的惦念，"临行密密缝，意恐迟迟归"的牵挂之情浸盈于页面纸间。这里面有殷切的期盼。在外的天门籍人士，历经艰辛，奋力打拼，而今都各有所得，功成名就。但是，千尺冲天树、根基在故土，万里阳关道、起点在家乡。我们曾共饮母亲河的水，同食祖居地的稻粱菽，而今长大成材，应该承担起反哺家乡、报答故土的义务与责任。一本名录，寄托着家乡的热烈期盼，期盼着我们以赤子之心，为她的繁荣富强尽自己应有的力量。这里面还有真诚的鼓励。我们一起从家乡古道走来，而今遍布各方，地区各异、岗位各异，成就也各异。一本名录，也架起了我们之间交流、沟通的桥梁。家乡鼓励游历在外的子女们相互学习、相互帮助，不断提高自己，尽力做好本职工作，为国家和人民作出更大的贡献，也期望着我们相互激励、相互推动，不断向上，如逆风展翅的鲲鹏，越挫越勇，越飞越高。

　　我们的国家正处于发展的关键时期，我们的家乡也处于一个发展的关键时期，昔日的鱼米之乡正面临着市场经济深入展开与工业化、城镇化发展不足的严峻挑战，实现农业现代化和工业化、城镇化协调推进，走科学发展和跨越式发展之路成为现实的必然选择。据了解，天门市委、市政府按照国家的总体部署，提出了未来一个时期推进改革开放和现代化建设的战略思路。宏图绘就，前景可期。振兴天门，要靠家乡的父老乡亲，而我们这些在外发展创业的天门人，也有不可推卸的责任。这本人才名录，犹如集结令，犹如冲锋号，动员我们团结起来，奋发图强，齐心协力建设好我们的国家，也建设好我们的家乡。本书编辑者的一番苦心，我们理应铭记在心，理应默化于行。我们的地位有显隐，能力有高低，资源有多寡，但责任无大小，心意无厚薄。每一份对家乡的奉献与帮助，只要是诚心而为，都是伟大的、崇高的和无价的。期盼万千游子以这本名录的出版发行、传播为契机，进一步弘扬"披荆斩棘、筚路蓝缕、艰苦卓绝、开拓进取"的楚人精神，为家乡的发展献计献策、尽心尽力，做一只夜半啼血的"子规"，唤回吹拂故土的强劲东风，带来天门明天的流光溢彩和灿烂辉煌。

不揣浅陋，写了上面一些话，可能词不达意，但拳拳之心足可明鉴，希冀它们能对阅读者尤其是对我的同乡与故知有所裨益。

忝以为序。

感谢与期望[*]

时光荏苒。一晃,我担任地区经济司司长已经多年,现在是与这个职务说再见的时候了。在这个岗位上,我与大家共同奋斗,经历了艰辛,也铸就了辉煌。往事历历在目,不舍之情缠绕胸间。此刻的气氛肃然而凝重,面对着无比熟悉的环境,面对着朝夕相处的同事们,在奔赴新的工作岗位之际,我想说几句心里话,向大家表示感谢,也表达我的祝福与期待。

记得在刚上任的见面会上,我谈过一些想法。其中一个意思是,我没有新官上任的"三把

---

[*] 本文系作者于 2014 年 4 月 24 日在地区经济司主要领导任免会议上所作的即兴讲话。

火",有的只是继承地区经济司以往形成的好传统,适应不断发展的新要求,持之以恒地开拓进取,努力推动地区经济工作不断迈上新台阶。今天可以聊以自慰的是,在委几届党组的正确领导下,在各个方面的大力支持下,依靠全司同志的勤勉工作,我们实现了设立的目标,取得了为人称道的成绩,地区经济司的各个方面都有了新的进展与变化。

第一,以促进区域协调发展为主线,把"服务主体、影响主体,把虚做实、把实做虚,善于做事、多做善事"作为我们的指导思想与基本原则,推动地区经济工作取得了前所未有的成果。在我司的推动下,涉及东部、中部、西部和东北地区的一大批国家区域战略规划和以新区、经济合作区、产业转移承接示范区为标志的一系列战略功能平台建设方案得以研制实施。连年召开全国地区工作会议,外拓思路;无数次举行司务虚会和专题研讨会,内聚动力。在这个过程中,地区经济司工作内容得以不断拓展,形成了陆海空经济、水土气治理一体开拓、全方位推进的工作格局,地区经济工作受到了各级党委政府主要负责同志的高度重视和社会各个方面的普遍欢迎,区域政策成为国家宏观调控和地方经济调节的重要手段,依托区域战略促进区域协调发展被放置到国家决策的突出重要位置。

第二,以制度创新和务实推动作支撑,高质量推进各项工作,树立了良好的社会形象。地区经济司对上积极担当参谋助手、对下诚恳做好指导服务,工作操守赢得了广泛好评,成了许多部门和地区愿意交流工作和托付事项的热门机构。地区经济司所开展的工作为社会熟知和传播,一些媒体和地方给予了很高的评价,影响力大幅提升。司内环境与精神面貌发生了显著变化,各项制度健全,有了全面记载各项工作事项的完整档案;工作运转有序,不仅在主体业务上硕果累累,

■ 2009年9月25日，地区经济司获得国家发展和改革委员会庆国庆60周年歌咏比赛第一名演出照

在其他方面也屡创佳绩。我们在庆国庆60周年歌咏比赛上勇夺第一，我司信息网站点击率排名第一。

第三，以政治思想教育和岗位业务锻炼为手段，大力培养提升干部素质，造就了一支高素质的队伍。我们把防腐兴廉嵌入严格的制度约束和朴素的教育引导之中，防微杜渐，迄今没有一个干部摔倒在腐败的泥潭里；在以"德"为基的前提下，我们以"能"为要辨识干部，在5年左右的有效时间里，每位干部都得到了提拔，其中包括协助党组在司内提拔和向司外输送了8位正副司级干部，一些特别优秀者破格得到了重用。与此同时，还为大家的发展预留了宽阔的通道。今天，地区经济司已有了一支肯干事、能干事、能干成事，甚至可以说能干成大事的思想水平和业务素质都俱佳的干部队伍。

　　这些成绩凝聚着全司同志辛勤劳动、奋勇拼搏的汗水，有媒体报道说，"晚上从发改委办公楼下经过，亮灯最多、时间最久的窗口总有地区经济司"，我想这个报道是实事求是的。我很自豪自己也为地区经济司的发展付出了全部心血。即便是在参与中央全会文件、中央经济工作会议、国务院《政府工作报告》起草工作时，在参加中共中央党校中青班学习时，我也没有放弃手中的工作。这些年来，我几乎没有休息日，也从不去跑官要官，我和大家一起在屏幕前，写下了每一个战略规划、政策文件、实施方案和各种讲话文稿。大家给了我崇高的信任，进入国家发展和改革委员会工作以来，包括在地区经济司工作的每一年，我连续11年被大家以无记名投票的形式推选为优秀公务员，组织上也多次为我提供发展机会。共同的责任把我们紧紧凝聚在一起，共同的工作使我们结下了兄弟姐妹式的情谊。借此机会，我要向大家道一句真诚的感谢，感谢所有同志，包括已退休的同志、已逝去的同志对我的支持、帮助与信任！地区经济司是我和大家结缘之地，我会在心底里永远铭记。

　　国家进入了征帆高挂、风鹏正举的新时期，我们的事业灿烂辉煌、任重道远。地区经济工作前景广阔、大有可为，需要一个一个梯队接力前行、持续开拓。我很高兴，接力棒传到了新的领导团队手中。我们不仅有一个指挥能力较强的领导班子，我们还有一支经过艰苦历练，凝聚力、战斗力俱佳的干部队伍，相信大家一定能够把地区经济司发展得更好，能够促进地区经济工作进一步迈上新台阶。作为老司长，基于对过去与大家共同战斗历程的总结反思，我想这样几个方面，无论对于领导班子还是对于整个团队来说，仍然是需要继续坚持和把握的：

一是恪守忠诚。要忠于职守、勤于奉献，牢记理想使命，心系国家人民；要革除私念、净化心灵，在大是大非问题上始终保持头脑清醒，在形形色色诱惑面前坚守基本底线和正确方向。

二是永葆正直。多私者必不义。要顾全大局、立党为公，立德向善、诚以待人，不为私利折腰，不向攀附屈膝。要严格要求自己，一日三省吾身；要择善而从，为人处世不失良心道义。

三是增强才能。能力是立身之本，也是宽广襟怀的支柱。腹有诗书气自华、最是书香能致远。有能力不一定让你升官发财，但一定能使你行路稳健、受人尊崇。任何时候，不要忘记学习钻研，要借助各种机会，全面锻造自己的工作本领。

四是心存感恩。要感恩时代、感恩组织、感恩伯乐。感恩不会造成忘本和背叛，感恩能够促进诚恳与上进。不要忘记前进路上曾经得到的无私帮助，不要忘记困难时刻别人给予的支持关心。不要把自己的所得当作是天上掉下来的馅饼，要记得滴水之恩当涌泉相报的道理。要用卓越的成绩回报成就了你的平台和人们；更要用无私的帮助，去推举那些正在努力攀登的后来者。

总之，我衷心希望地区经济司的事业更加红红火火，能为国家发展作出更大的贡献；衷心希望地区经济司的每一位同志更有用武之地，能够在未来的道路上大展才华，高歌猛进。

要与地区经济司告别了，但我深知，这并不意味着与大家的分开和隔断。真挚的感情和共同的使命仍然会把我们联系在一起。许多工作还需要我们一起去做,新的职责也有赖于大家对我的帮助,你们始终是我工作的强有力支撑,也永远会是我生活中的朋友。我对大家充满感情,将会一如既往关注你们,为你们取得的每一个新成就而默默地鼓与呼。让我们共同努力、互相支持,在各自岗位上争取更好的业绩,一起推动发展改革事业实现更大的进步。

风物长宜放眼量[*]

一

（2015年5月19日晚6：30，在思科公司举行的欢迎晚宴上的致辞）

感谢思科公司为我们举办的这个充满温馨的欢迎晚宴。我和我的同事们很高兴有机会来到美国加利福尼亚，来到位于圣何塞的思科公司参加创新领导力研究班，我首先要代表全体参加学习的学员们，对你们的精心安排和热情接待表示衷心的感谢。

在思科公司董事长钱伯斯先生和国家发展和

---

[*] 2015年5月16至29日，国家发展和改革委员会与美国思科公司在美联合举办第七期"创新领导力"研讨班。来自中国国家部委和地方部门、光华—思科领导力研究院、思科公司等的30余位成员参加了研讨考察，作者任研讨考察团团长。本文系作者在研讨考察期间部分活动上所作的讲话，均为即兴演讲。

改革委员会领导人的推动下，我们双方在2008年签署合作谅解备忘录，开展了一系列的交流合作。经过7年来的共同努力，合作领域不断扩大，合作机制日臻完善，合作的效果也充分体现。合作正使我们紧密相连、相交相知，在许多方面都体现出高度的和谐和默契，一步一步地走向深入，一道一道地呈现佳景。

举办创新领导力研讨班是合作谅解备忘录的重要内容，迄今已成功完成了六期。参加第七期研讨班的是来自中国一些中央机关部门和部分地方的相关负责人。他们所涉及的单位，都是经济社会政策制定与执行的重要部门。在国内，他们都担负着较为重要的职责，工作十分繁忙，可谓是"日理万机"，但大家都很珍惜这次难得的学习研讨机会。美国推动创新的体制和政策设计、多层次的金融服务体系、相关的法律法规建设以及相应的政府管理与服务等，有很多值得我们学习和借鉴的地方。本次研讨班为我们提供了与美国包括思科公司在内的一些身处创新最前沿的企业家、科学家和政府官员沟通和交流的机会。我们对此充满了期待。同时，大家也都知道，中国正适应新的形势推进经济结构调整和发展方式的转变，包括大力实施创新驱动战略，以实现中国经济的稳定持续增长和人民福祉的不断改善，我们也愿意借此次研讨班与美国的朋友分享中国在培育和发展战略性新兴产业、实施创新驱动发展战略、深化创新体制机制改革等方面的做法和经验。

我们来到研讨班，绚丽缤纷的创新信息与成果将会通过专题讨论与调研考察"纷至沓来"。我们面对的环境及满怀的期待，似乎可以用中国古代两位著名诗人的诗句来表达：第一句是唐代诗人白居易的"乱花渐欲迷人眼"——创新日新月异，如百花竞相绽放，置身其中，令人眼花缭乱；第二句是宋代诗人陆游的"柳暗花明又一村"——经过学习调研，我们终能条分缕析、拨云见日，探究出关于创新的许多新的思想认知。合作使我们融为一体、相辅相成，合作也将使我们互利共赢、一起进步。思科公司的根基在美国，但发展支撑会在市场广阔的中国。我们相信，通过我们的共同努力，包括信息技术创新等在内的许多领域必将结出更加灿烂辉煌的硕果。

再次感谢思科公司对此次学习研讨活动给予的高度重视和细心周到的安排。我提议，为了我们更加紧密的合作，为了在座各位来宾及家人的健康、快乐与幸福，干杯！

（2015年5月20日上午，在思科公司总部听取思科公司董事长兼CEO钱伯斯先生（John Chambers）和候任CEO罗卓克先生（Chuck Robbins）的演讲后的讲话）

刚才我和同事们十分荣幸也饶有兴趣聆听了钱伯斯先生和罗卓克先生的演讲，下面我试图描述一下两位报告的特点并谈点学习体会。

我以为，这两个报告是十分厚重的。这不仅因为两位演讲者选择的都是关乎大局与未来的大课题，也是因为两位演讲者本身都是重量级的。在全球信息与互联网领域是如此，在思科公司更是如此。思科公司现任董事长兼CEO和即将继任的CEO一同莅临为研讨班作报告，在创新领导力研讨班的运行历史上应该是空前的。

难能可贵的是两位演讲者的报告不仅厚重而且精彩。钱伯斯先生立足创新的立场，以深刻的理解和独特的眼光，诠释了数字化在企业、国家和地区发展的现状与变革的方向，好似一壶陈年老酒，浓烈奔放、香气袭人；罗卓克先生基于全球的视野描绘了思科公司数字化发展的光明前景与实现路径，犹如一杯精制的新茶，姿曼味妙、甘甜可口。两人的报告内容并不完全一样，所使用的肢体语言则完全不一样，但却一样的引人入胜，一样的令人陶醉和流连。

两位先生的报告帮助我们进一步理解了思科公司快速发展的奥秘。思科公司是一家极具创新想象力和执行力的企业，1984年以崭新的面貌创立于世，1991年钱伯斯先生加入后步入了发展的快车道。在钱伯斯先生的推动下，思科公司以创新为主线，依托自身的技术优势和对网络经济模式的深刻认识，不断创造新成果、拓展新领域，成为世界上网络应用的最为成功的实践者之一。思科的所作所为不仅成功的提升了人们的生活品质，而且在一定程度上创造性地改变了社会的思维方式。思科的现在是辉煌的。而我们从罗卓克先生所描绘的思科公司未来发展的战略思路中，似能坚定树立这样的信念：思科的明天也将是光明的。作为即将接任的CEO，罗卓克先生的演讲中提供了这样的决心和路径。

我还要说，思科公司所作出的贡献不止于美国，也不应当局限于美国，它是全球性的，应当进一步为全球作出贡献，其中当然也包括中国。我们知道，思科公司早在1994年就进入中国市场，经过10年的努力双方的合作领域越来越宽广，合作的成果越来越丰硕。据我所知，思科公司今天在中国的职员已达5000人之众，思科公司为中美经贸合作作出了贡献。不过我也要说，目前的合作还是远远不够的。前几天，我在思科公司的欢迎晚宴上说过，如果说思科公司过去取得成就的根基在美国的话，那么思科公司未来发展的支撑定会是中国。中国人口众多，市场广阔；中国发展快速，财力雄厚；更重要的是，中

■ 作者与思科公司时任董事长约翰·钱伯斯、候任 CEO 罗卓克工作留影

国人观念超前,有较强的消费和需求的预谋预判能力。中国是思科公司未来发展的希望,思科公司应当把更多的资本技术人才投放到中国,进一步加强与中国信息科学与互联网应用的全方位的合作。我忽然想起,这种合作的重要性和紧迫性,也许可以用中国的一代伟人毛泽东的两句诗词来形容,一句是"雄关漫道真如铁,而今迈步从头越";另一句是"一万年太久,只争朝夕"!所以,时不我待,思科公司应该从现在起就发力。让我们的合作越来越宽广,祝愿思科的前景越来越美好!

二

（之一：5月27日下午，在威尔逊中心举行中美关系交流讨论会。在听取基辛格中美研究所主任戴博先生（Robert Daly）和美国国务院中国和蒙古事务办公室主任何孟德先生（Peter Haymond）的演讲后的讲话）

中美关系是全球国际关系中最为重要的关系之一，应当切实把握好、处理好。总体看，我以为，这些年中美关系发展是好的。别的方面不说，从经济的角度看是相当不错的。两国自1979年1月1日建立外交关系后，经贸关系迅速发展。贸易额已从1979年的24.5亿美元增长到2014年的5550亿美元。美国已成为中国的第二大贸易伙伴、第一大出口市场和第五大进口来源国。中美两国经济互补性强，又是世界上位居第一、第二的两个经济体，合作发展既有利于自身，也有利于全球，对于提振市场信心，促进国际经济的积极复苏和持续增长具有重要意义。国际上存在分歧是正常的，美国和英国关系这样密切，不也存在这样或那样的分歧吗？关键是要严守底线，重视彼此关切，尊重双方的核心利益。南海问题完全是中国主权范围内的事，至多是中国与个别沿海国家之间的事，美国在这个问题上不该说三道四，更不应采取不合适的举动。试问一下，如果中国军舰到美国的领海随意活动，美国会做怎样的反应？处理两国关系的基本点还是要合作，而合作的基础是相互尊重。双方要进一步努力，建设好相互尊重、互利共赢的全面合作伙伴关系，这是大局。合作才能解决彼此存在的分歧，更能解决世界上的很多重大问题，毕竟两国需要合作解决的国际问题要比两国间所要关注的问题要多得多。

（之二：5月27日下午，在中美关系问题讨论交流结束后赠送演讲者小礼物时的讲话）

再过两天，我们就将从美国返回中国。今天的交流讨论又一次把我们这次赴美的学习培训活动推向了高潮，成为这些天来最热烈的交流讨论之一。这也使你们两位成为最受重视和关注的演讲者之一。我们做了很好的交流讨论，这使我们进一步了解了彼此的观点和想法，有利于我们研究和深化双方间的合作。我前面讲到过，中美两国关系是当前世界上最为重要的国际关系之一，相互尊重、密切合作是正确选择和发展坦途，而核心是解决好彼此的重要关切，尊重对方的核心利益，实现互利共赢。处理两国间面临的一些问题，我认为可以用中

■ 作者与美国国务院中蒙局负责人戴博、威尔逊中心负责人何孟德工作留影

国两位著名人物的诗句意境来把握：一是新中国开国领袖毛泽东写的诗句："牢骚太盛防肠断，风物长宜放眼量"，这讲的是要看得远；二是宋代著名政治家王安石写的诗句："不畏浮云遮望眼，只缘身在最高层"，这讲的是要站得高。你们两位都身处重要岗位，能够为推进两国的合作交流发挥积极有效作用。我们要基于长远发展和战略高度，共同努力，推进两国的全面伙伴关系的建立和发展，为世界和平与发展作出力所能及的贡献。

（5月28日晚6:30，在第七期"创新领导力"研讨班总结会议暨欢送晚宴上的致辞）

刚才主持人的一些话把我们大家的心情撩拨得很是激动，此时此刻的氛围很难不让人动点感情。讲点什么呢？我姑且先描述一下此时的景况吧：窗外夜色降临，室内灯火正明。人面桃花、美酒佳肴、欢声笑语，正是心情惬意之时。但是，天下没有不散的筵席，明天我们就要启程回京，第七期"创新领导力"研讨班也将随之结束了。

我想各位现在的心情与我一样难以平静，会有许多话要说。自5月14日进入北京大学光华管理学院培训开始，我们这些来自不同单位和地区的同志们相聚在一起，共同工作生活了17天。这17天只是我们人生旅程中短短的一瞬，但这是很不平凡的17天，它在我们的人生经历中烙下了深深的印记。刚才几位同志从不同角度作了回顾与总结，都给予了极高的评价，话里话外都满含眷恋不舍之情。这的确是一次收获满满的学习培训，在我看来，集中表现在这样一些方面：我们体现了很好的组织能力。从课程内容的设计，到调研地点的选择；从授课人员的安排，到运作时间的考量；从共同意志的体现，到个人兴趣的照顾，都体现了精心组织和细致考虑，既别具匠心、富有特色，又井然有序、一丝不乱。我们体现了很强的责任意识。大家身处国外，心系事业；远离祖国，不失风范。大的方面，始终严格约束自己的言行而不让国家形象受损；小的方面，不让课堂教学讨论冷场而争先恐后发言。我们体现了很高的专业素养。阐述观点，旁征博引，有"一江春水向东流"之势；请教问题，追根溯源，有"打破砂锅问到底"之勇；研讨议题，条分缕析，有"拨开云雾见青天"之智。我们还体现了很佳的道德操守。会客访友，不忘遵规守纪；沟通交流，不忘宽厚幽趣；"疯狂"购物，不忘相互帮助；推杯换盏，不忘礼让谦恭。还有很多方面，限于时间，恕我不能一一道来。总之，这次学习培训不仅给了我们视觉和听觉的诱惑与冲击，更给了我们思想和意识上的激荡与启迪。对于我们所有置身这次活动之中的人们来说，这的确是一次高水平的、圆满的学习培训活动，可谓不费此功，不虚此行。

  记得李白的一首描述登终南山经历的诗中有这样两句："却顾所来径，苍苍横翠微"。大致意思是，回望走过的山路，林荫掩映，艳阳飘洒之上。从我们各自所在的单位到光华—思科领导力研究院，从北京到旧金山又到华盛顿，行程万里，可谓一路紧张，也一路奔放；一路辛苦，也一路欢笑。的确开心愉悦，的确洒满阳光。为此，我们心存感激。作为团长，我要感谢光华—思科团队及旧金山美中交流协会的朋友们，在可能的情况下，你们把工作做到了极致，你们的辛勤工作，是此次研讨班圆满举行的保障。我要感谢各位团员以及团里的各位负责人员，你们也许有很多特点，但这次你们把最好的一面奉献给了团队，你们的卓越表现，是此次研讨班圆满举行的基石。

为此，我们也将念念不忘。因为开心，所以铭记；因为留恋，所以珍惜。一次行，一生情。人生经历不可复制，我们团队的经历也绝无可能再复制一次。相聚即是缘分，相聚使我们感情融在一起，相信大家会倍加珍惜。

从今以后，无论年龄大小、职务高低、是男是女，我们大家拥有了一个共同的名字——同学。期待大家把此次同班学习的收获，把一同工作生活凝成的感情，都化作团结奋斗的正能量，为国家的发展作出新贡献，谱写自己人生成长的新华章。

记住难忘的美国之行，记住富有活力的第七期"创新领导力"研讨班！记住是为了回忆，而回忆是为了再聚。我提议，为了再聚，让我们高举美酒，畅饮一杯！

持正登高 守诚致远[*]

几位老师和一些同学所作的发言，我听了以后很受启发，也很受鼓舞。一般情况下，学生们进校之后，老师都会找时间与大家谈一次心。在过去的这些年，我时不时地能读到一些熟悉的老师们，其中也包括我的一些博士生同学同他们学生的谈心文章，文中谈到的不少思想观点和治学要求，我以为都很有见地很是深刻。这些谈心的文章有的贴在微信群里，有的则发表在刊物上，对读到的人都会大有裨益。我最初的想法是与每个新入门的学生都单独谈一谈，但因为情况特殊确实难以做到：一是同学们分布于多所学校，其中一部分同学并不在北京；二是相当一部分学生是在职读博，白天的时间基本上都在忙于单位的

---

[*] 本文系作者于2016年3月26日在北京大学举行的"第十九次师生研讨会"上所作的讲话。

工作;三是人数比较多,教学安排也不太一样,加之我的工作比较繁重,所以很难在一个相对集中的时间里分别与大家谈思想、提要求。后来经过大家的努力,我们创造了师生研讨这种模式。这种模式有几种构成要素:有一本汇集师生工作学术情况的不定期编发的内部交流材料,有一个大家共同探讨沟通观点信息的微信群,还有差不多一季度举办一次的师生专题研讨会,今天召开的已经是第十九次会议了。但在此前召开的研讨会上,我们基本上都是在讨论学术专业方面的问题。所以不少同学给我提建议,希望能进行一次政治思想、学术操守乃至整个为人处事方式方法方面内容的交流。经过工作小组相商,决

作者与部分博士研究生留影

定把这个内容作为这次研讨会主题。的确，我也想借着这个机会，就增强我们的政治修养和学术素养、提高师生研讨水平这个问题跟大家谈一些想法。我想我们间的师生之缘虽然从总体上说是一个双向选择的过程，但更多的还是你们信任我而主动选择了我，经过必要的考试和审批程序，最后成为我的学生。所以作为老师，我有这份责任来做好教书育人工作，为你们成为正直高尚又具有深厚学术功力的人才尽一臂之力。

今天要与大家讨论的内容很多，我琢磨了一下，可以把它们概括为四句话。没有做专门的准备，想到哪就说到哪。

第一句话：思想要正

我以为，这是为人处事的根本。所谓思想要正，不仅仅是要把握好国家的基本政治准则和大政方针，要遵守法律法规和政治纪律，更重要的是要秉公持正、光明磊落，做一个正直的人。做正直的人应该从正心开始，从古人谈到的正心修身齐家治国平天下的思想之中，我们能看到正心是基础，即所谓"心正而后身修，身修而后家齐，家齐而后国治，国治而后天下平"。正心其实讲的就是思想要端正，而思想端正反映在许多方面。在英国威斯敏斯大教堂里有一块很有名的墓碑，许多人到这个教堂来的重要目的就是为了一睹这块碑的碑文。碑文很有哲理，从概括一个人的人生历程揭示出了一些深刻的道理。大意是，小时候的志向很大，梦想去改变世界；发现难以实现后又试图只去改变自己的国家，无法如愿后再降低为只想改变一下自己的家庭，然而最后连这一点也做不到了。在行将就木时终于悟出这样一个道理，如果首先从改造自己开始，也许能一步步地改变家庭、改变国家，最后说不定还能影响世界。我以为，这其实也是从另外一种意义上讲思想要正。而从这里我们也能看到东西方文化在很多方面的相通性。在我看来，思想要端正，特别要把握这样几个方面：

第一，要坚持正确的方向。我也把这一点称之为要有大政观、大义观或大局观。你生长生活在这个国家，你就要有基本的也是本能的爱国意识。国家在发展中一定会存在这样那样的问题，你可以去分析它们、揭示它们，并尽自己的力量去协助解决它们，但你不可以因此诅咒、诋毁自己的国家。国家不是空洞的，是实行一定的政治、经济和社会制度的。这些制度的建立有其历史背景和国情依据，它们会随着经济社会的发展而不断完善。你可以以建设的姿态去推动它们发展完善，也可以以科学的态度去研究它们，但不可以先入为主、奉他人为模、心存偏见而否定和反对它们。而体现在实际的工作与生活中，就是要有基本的政治立场，要坚持基本的处事准则，这就是要遵纪守法，特别是严格遵守宪法的要求，遵守重要的规章制度。这样就不会在人生轨道上走弯路、遭挫折。做了违法乱纪的事，谁都救不了你，老师自然也没有那个能力。这方面的问题容易发生在那些不重要的场合和不经意的时候，所以我们要慎微、慎闲。大家可能注意到了，有时候我在微信群里时不时提醒几句，希望大家转发外部信息的时候要有所把握，哪些该发、哪些不该发心中要有数，也是出于这样的考虑。在此我要特别强调一句，在大是大非问题上不要显得与众不同、"高"人一等，不要试图博人眼球、哗众取宠，也不要热衷于标新立异、"剑走偏锋"，试图跟国家的要求唱反调、跟权威的说法对着干。社会上的确有这样一部分人，对港台小报的报道、对西方一些敌对势力的说法偏听偏信。这里面情况很复杂,但我们这个群体要有正确的选择。大家都是博士或者博士生,分析判断能力都比较强,应该有基本的理性和智慧,切不可像小孩子那样意气用事。在涉及大方向、大路径的问题上不要热衷于道听途说、不要沉迷于人云亦云,要眼明心亮、要谨言慎行。

第二,要坚守基本的底线。为人处事都要有底线,而基本的底线应该是要讲良心。古人云,"良心者,本然之善心。即所谓仁义之心也"。良心其实就是被社会普遍认可也为自身所认同的基本行为规范和价值标准。我们常说"捂着良心想一想",就是讲你要看看自己的言行是否符合这种最基本的道义要求。良心这个东西,往往是意会胜于言传。良心是一种嵌在心底里的是非感。一句话说得是否得当,一件事做得是否妥适,你心里最清楚,也最能感受到,正所谓"良心上过得去还是过不去"。每个人都是有良心的,坏人其实也有,至少开始是有的。我以为,坏人在做坏事时,一开始在良心上也应当是受过折磨的。他知道这样做是不对的,但他没有能够把控住自己。所以坏人是违背自己良心去做事的,坏事做多了,良心也就被泯灭掉了。所以,思想要正,必须要有基本的良心和起码的良知,并以此作为为人处事的底线。这里,我要说说我们的师生研讨会。刚才不少同学讲,这是一种很好的形式,对大家帮助很大,都应该大力维护、积极参与。说实话,我以为相对说这个研讨会对同学们的益处比对我的益处还是多一些,但你们所注意到了没有,许多重要的社会活动我不一定去,一些高报酬的讲课我也不一定去;而就工作而言,同学们中可能很少有比我更忙的,但师生研讨会我从来没有缺席。同学们忙还可以请假,而我从来都是克服困难积极参加研讨活动。这除了因为每次工作小组都与我做商量之外，更重要的还是基于一种道德良心，即作为一个老师的职业道德和做人的良心。除非不可替代，即便是时间上冲突了，我都会以师生研讨会为重。就拿今天来说，为了参加研讨会，我也推掉了两场很重要的活动，我们是师生我就负有这样的责任。困难总是可以克服的。除非十分特殊的事情难以排解，我们大家都应该珍惜这个难得的机会。当然，讲良心不是仅仅体现在一件事情的处理上，它所体现的是一个普遍的处事原则，体现的是一种起码的思想导向与道德要求。也许我们缺乏大公无私、我将无我这类特别崇高的思想境界，但我们起码要做到良心无悔、仁义不灭。

第三，要坚持理性的思考。大千世界、无奇不有。事物本身是复杂的，事物形成的背景更是复杂的。所以科学甄别、深入分析，寻找内在逻辑、揭示深层根源就是准确辨析形形色色的事物本质的思想之道。在实际工作与生活中，我们不可能不面对一些鱼龙混杂的情况，或者碰到一些模棱两可的问题。在这个时候我们不要简单发声、盲目跟从。如果我们想就此做些评论，就要冷静下来，多问几个为什么，更深入了解一些背景情况。这样你的认识就会客观得多、准确得多；你也就不会受骗上当，更不会助纣为虐。同学们能看到，社会上有少数人包括某些知名人士时常会发表一些反国家、反体制的言论，许多人对此感到不解，不明事理的人还会跟从附和。但只要动动脑筋深入分析一下就会心知肚明。毛泽东主席早就说过，世界上没有无缘无故的爱，也没有无缘无故的恨。对有些人士来说，他们这样做并不令人奇怪，因为这是他们特殊背景、经历并因此形成的特殊立场的一种反映。所以碰到这种情形，我们也一定要多问几个为什么，并在此基础上辨识好坏真伪，绝不可简单地视之为忠直敢言，更不能据此不分是非加以认同。说到此，我想起了另外一个事例。几年前有人制作了一个反映中国环境问题的片子，一时间形成了一定的社会影响。的确，在过去的几十年里，我们存在着为了发展经济而忽视甚至破坏环境的状况，生态环境问题也的确比较严重。我所负责工作的一部分就是搞生态环境保护与治理，对这方面的情况是比较清楚的。全国人民很关注，把这些问题严肃一点提出来、引起有关方面的进一步重视也是非常必要的。但如果把环境污染问题与特定的社会制度联系起来，并且配合国际上反华势力的指责在特定的时期推出来就另当别论了。其实正确把握这个问题并不难，如果说环境污染是特定社会制度的产物，那在同样的社会制度下，经过努力使生态环境得到了明显改善又当何论呢？所以啊，对一些复杂的有争议的事情，我们要多问几个为什么，看合不合逻辑、合不合事实，止于表象认识很容易受骗上当。

第四，要树立淡泊的精神，就是要有正确的成就观和名利观。在这方面我们要显示出大气与豁达来，要有冷看世界、笑对人生的境界，要有淡泊明志、宁静致远的心态。我强调要有正确的成就观和名利观，其一是说不能用一个标准来看待是否成功。不能说你当了高官就算取得了成功、就能流芳于世，而当了大学教授就不算成功、难以光宗耀祖了。要知道行行出状元、各有各的价值。我认为只要是社会需要的，又是靠自己的能力换来的成就都是了不起的，也是值得骄傲的。退一步说，相对于一些靠投机取巧、歪门邪道先升后跌、导致一生大喜大悲的那些人来说，靠自己的正直勤奋而带来了工作生活的顺顺利利，就是一种值得称道的成就。不要只把眼睛盯在做官上，更不能热衷于不择手段去谋取官位，成为一个对社会有贡献的企业家、学者和其他人士，同样是为人一生的重大成就。我们今天在场的就有曾在国家部门工作，后辞职下海而干得红红火火的同志，这就是人生的一种成功。在对待成就和名利的问题上，还应当有顺其自然、知足常乐的心态。这样你就不会犯大错误、摔大跟头。常言道，非淡泊无以明志，非宁静无以致远，正是这种宁静淡泊的心态最后让一些人们名留青史。其二是说要用长远眼光来看待成功。追溯一下中国的历史，似乎在当时当朝都是以官为本、以官为重的。但脱开当时当朝，纵观时间长河，名传千古的却很少是官员，大部分都是大学者或思想家。有趣的是，许多人在当时都极力求仕、一心谋官，但因为官运不济、屡遭贬谪，最后却因为在诗辞文赋上的成就而扬名于世。例如被誉为"诗仙"的李白，一开始也是很喜欢做官的，应诏入京可谓满心欢喜，一副"仰天大笑出门去，我辈岂是蓬蒿人"踌躇满志的神态。而"赐金放还"后则感慨"安能摧眉折腰事权贵，使我不得开心颜"。大官虽没有做成，但却用一首首大气奔放的诗词得以流芳百世。苏轼一生大起大落，屡遭贬谪。"乌台诗案"后被贬放到黄州当团练副使。以官而论，可谓跌落到了人生的谷点，也应该是心灰意冷了。但我们看到，他没有消极气馁，反而置绝地而奋起，展现出了"莫听穿林打叶声，何妨吟啸且徐行"的旷达情怀。在最困难的时候，他写下了许多千古名篇。而在寒食节醉酒状态中写下的《寒食帖》，不仅是诗词精品，也是书法精品，流传至今。今天的人们记诵着苏东坡，难道不是因为他的这些伟大作品吗？还有范仲淹，为官曾经做到了参知政事，也就是位居副宰相的高位，但普通老百姓有几个知道他当了这么大的官？他能千古留名为人传颂不是因为他的官位，而是他撰写的大气磅礴的《岳阳楼记》等名篇，是他在这些作品中所体现的先天而忧、后天而乐的崇高精神境界。皇帝的官大不大？但回想一下，自秦到清一共产生了400多位皇帝，而今我们能熟记几位？反而是一大批大学者、大文学家、大思想家，永远留在一代一代人的心中。所以我特别强调思想纯正的一个要素是淡泊以求。反过来说，淡泊以求能够推动思想纯正。

我认为思想问题是关键，所以我花了较多的时间来讲这个问题。

第二句话：学问要精

这一点我要对大家特别加以强调。学问虽无止境，但深浅还是有尺度的，我们要精耕细究、刨根问底、力求深刻与深入，不可以马马虎虎，不能够浅尝辄止。"古人学问无遗力"，要使学问达到精深，必须有"不破楼兰终不还"的韧劲。首先要"沉"得下去。要沉下去就要耐得住寂寞，甘于坐冷板凳。古往今来几乎没有在心浮气躁状态下做出大学问的例子。做学问是需要潜心静气的。远的不说，写《围城》的钱钟书先生精通梵学、佛学，吐火罗文的季羡林先生，汉语拼音的发明者周有光先生等一些可以称为大师级别的学者，都是潜心治学的典范。所以沉得下去是前提。其次要"泛"得起来。这里的"泛"是广泛，是说要博览群书、广泛涉猎知识。要知道见多才能识广、泛读才有多知。我们学经济的，不能仅止于经济学著作的学习，文史哲书籍都要读。饱读各类书籍，脑中就能融会贯通、手里就可妙笔生花。要切记"泛"是"深"的基础。最后要"挖"得到位。这是"深"本身的要求，要力求甚解，达到炉火纯青、出神入化的状态。怎样深挖？我的经验是这样四句话，叫作书要精读、题要深思、文要细写、言要慎出。书要精读，就是对经典性的重要著作，要反复品读，真正弄懂弄通。《资治通鉴》是一部重要的编年体史书，很难读，但毛泽东主席工作那样繁忙还读 17 遍之多，而且每次都作出批注。当前社会总体上比较浮躁，大家习惯于"吃快餐"，所以精读尤其难能可贵。这一点应该说我们当年是做得比较好的。马克思的《资本论》也很难读，但在学校里我们硬是一遍遍地啃，光读书笔记我就写了 70 多万字。现在环境变了，学生们大多没有这种精神状态了，但我还是要求同学们尽力去做。与其草率阅读而浪费时间，还不如精细研读留点印象。特别是在职读研的同学更应加以重视，怎么样把扎实学习与勤奋工作紧密结合起来。说实话，有些博士毕业论文明显缺乏知识阅读功底，审稿时我是放了一马的。如果导师有影响，学生论文答辩的时候大家会给点面子，也会给你指出一些问题，但投票的时候都比较宽厚，对此我们自己心中要有数，不能论文一"过"就万事皆休。读书期间书要精读，毕业之后读书也要精细。题要深思，就是对论题要往深里琢磨。深刻不是时髦，不是用几个现代的词或者几句流行的话就以为到位了。同样一个题目，琢磨得透不透，写出来的文章深度是截然不同的。我们攻读博士学位的一个重要任务是确定论文题目，这个题目的确定也应是深思熟虑的结果，不仅要有理论深度、实践意义，还要与自己的驾驭能力相配。另外深刻不是晦涩、不是故弄玄虚，让人丈二和尚摸不着头脑。文要细写，就是要精雕细刻。写文章如绣花一样，每一针每一线都要精细。我不谦虚地说，只要我亲自动手写的文章都还是比较讲究的。绝大部分文章都是我一字一句写出来的，也有少量挂主编的书籍和应景性的解读性文章，没有全部做到亲自撰写，所以会有一些粗糙之处。文章不能空洞无物，既要有理论上的创新，还要有益于实践操作；文章不仅要讲内容实、还要讲形式美、逻辑顺。言要慎出，就是所讲的话所写的文字，要经得起评论和公议。要言之有物，讲出实实在在的东西来，也就是要有"干货"；语言要简洁得当，力求做到"多一句嫌烦、少一句无味"的状态。另外语言表达也应力求创新，越优美越好。杜甫评价自己写诗是"为人性僻耽佳句、语不惊人死不休"。但文辞创新也不能没有轻重、不知高低。总之，文章尽量要达到精深美博，内容很深透、形式很精美，而这种深透精美后面体现的是你广博的知识背景，相当于是用一桶水灌了一杯水，是各个方面知识的一种集汇。若如此，就没有人能说你的治学不精深了。

第三句话：为人要诚

所谓诚，就是真实、实在。诚应该是为人处世的基本品格。古人说"诚者天之道也，思诚者人之道也""以诚感人者，人亦诚而应"。为人要诚，我以为有三个要素：一是以诚待人、以善待人；二是换位思考、将心比心；三是投桃报李、以德报怨。首先要以诚待人、以善待人。这是人的良心的基本所在。我们这个师生研讨机制的建立，就是一些同学、朋友以诚相待的结果。这个机制运行已经有 8 年了，开了 19 次研讨会，且每次的规模都不小。但很多同学只是参加活动，并不完全知晓另外一些人在背后所做的工作。议题准备、人员组织、材料编印、场所衔接、饮食安排，涉及的事情并不少，许多老师和同学都做了大量具体的工作。正是因为大家这样的诚实勤恳，才使得每次研讨会都开得很成功。这是我们共同的平台，得益的是我们自己，虽然每次研讨会都采取自由报名的形式，但是想到一些老师和同学背后的辛勤工作，我们就应积极参加，不要让人家三请四催。对待师生研讨活动，我们都要拿出诚意来。今天一些老师和同学的发言都满怀深情、令人感动，其中也提出了不少好的建议，应该好好整理一下，发到我们的内部材料上或微信群里，让大家学习一下、受受教育。其实这些都是知识啊，是教人以诚、授人以德的知识。所谓诚，还要换位思考、将心比心。遇到事情要设身处地地为他人着想，多站在别人的角度考虑问题，做到相互理解、相互尊重、相互支持。大家要认识到，以心换心才能心心相印。你不诚，换来的可能就是虚情假意；你不仁，也就休怪别人对你不义了。为人处世，还要懂得投桃报李，努力做到以德报怨。细一点说就是做到8个字，即知恩、记恩、感恩和施恩。这并不限于某些具体的人和事，也涉及对时代和社会的态度。是否能做到这8个字，这不仅关乎自身行为，也关乎思想境界，甚至关乎世界观。有的人心里充满阴暗，所以总是用扭曲的眼光去看别人、看社会，有恩不见恩，把好看成坏；或者将一切获得都视之为理所当然，且一不如意，就愤懑有加，甚至恩将仇报。而一个诚实善良的人，则满心都是阳光，总能发现和记着别人的好，总能以虔诚谦卑之心对待社会，但凡获得滴水之恩，都会思谋涌泉相报。我们大家都应做诚实善良之人，都应锻铸知恩报恩、以德报怨的品格和境界。在这方面，也要做点换位思考。应当明白，你怎么对待别人，别人往往也会怎样对待你。你敬别人一尺，别人就可能敬你一丈；而你藐视别人一尺，别人也可能藐视你一丈。讲到这里，我要特别强调的是，做人切记不可以盲目骄傲、莫名张狂。一般的情况的是，张狂的人有本事、蠢笨的人不张狂，但也确实有一种人，没学问没本事还很张狂很骄傲，一副老子天下第一的做派，这就叫莫名张狂、盲目骄傲，或者叫妄自尊大。我们决不能做这样的人，我也不希望我们的学生中有这样的人。

第四句话：处事要信

人无信不立、信为人之本。为人处事一定要有"信"，否则其他优秀品质也就会大打折扣。"信"的内涵很丰富，我讲三个层面。首先要有信念。信念是目标、是志向。没有目标志向，你就不知道往哪儿走，因而也走不远。有信念的人则一定能取得杰出成就，正所谓"有志者事竟成"。有坚定信念的人，一定会沿着设定的目标努力前进，因此最后要么成为优秀的领导干部，要么成为满腹经纶的大学者，要么成为杰出的企业家。信念是精神、是动力。精神比什么都重要，而人是要有一点精神的。这个道理体现在各个方面。就以建筑为例，今天我国的种种建筑不乏豆腐渣工程，动不动就垮塌了。有的只建好几十年，就已破败不堪了，按建设部同志的说法，我国建筑的平均寿命也就25—30年。但以前的建筑质量并非如此。例如宏伟壮丽的人民大会堂，只用了短短8个月就建起来了，速度之快令人惊叹，质量之好也为人赞叹。如今差不多60年了，依旧巍然挺立、熠熠生辉。20世纪50年代建成的武汉长江大桥也是如此，几十年中，各种大小撞击已有几十次，但仍然坚固壮实。反观前些年武汉新建的某座长江大桥，建成之日就开始大修，如今已经修了40多次了还没有修好。为什么以前的许多建筑物不仅建得快还建得好？除了材料真实外，关键是人的精神起了作用。这种精神叫作无私奉献、叫作一丝不苟、叫作精益求精。那时的国家重点建筑哪一个不是人们用心血凝成的？所以精神是缺不得的，而精神则来自于坚定的信念。其次是要重信誉。俗话说，"人有脸，树有皮"，讲的就是信誉问题。信誉是信用和名声，对于一些人来说，它甚至比生命还重要。良好的信誉是资本、是力量，无形而伟大、不显而势威。我们应锤炼品行、强化素质，不断增强自己的信誉，低要做到言而有信、一诺千金；高要做到德厚流光、怀瑾握瑜。最后是可信赖。我以为受人信赖是"信"的重要内容，也代表着一种很高的荣誉。要使自己成为可信赖之人，必须具备诚实善良的品格、谦恭虚心的态度，坦荡大气的胸怀和出类拔萃的能力。因此，可信赖与其说是一种外在的赋予，还不如说是一种内在的锤炼。如果我们一言九鼎、信守每一个承诺，我们乐于助人、不贪财图利，我们虚怀若谷、好坏意见兼听，我们技艺高强、能化解困人之忧，持之以恒，这种素质也就悄然形成了。

我要跟大家说的就是这样四句话，虽然有点啰嗦，但也算得上苦口婆心、情真意切。不过大家应该能够感觉到，这些话不仅是对同学们说的，也是对我自己说的，是一种自勉。

应该说，在这些方面我们做得都还不够，所以我们要持续努力，不断提升，使这些要求伴随着我们的整个人生历程。

最后我还想说一点，就是希望大家能够珍惜我们这个集体或群体。鲁迅曾经抄录清人的名言送给瞿秋白，叫作"人生得一知己足矣、斯世当以同怀视之。"这两句话生动地阐述了人生知己的重要性。还有一句话叫作"人生结交在终结、莫为升沉中路分"，这是讲应该珍惜感情、不为名利所惑而要做一辈子的朋友。因为学习，我们由四面八方而来组成了这个集体，可谓十分有缘；而我们又以师生之谊而相聚，自然就又多了一份亲情，因此应倍加珍惜，并通过这个平台，深化交流、增进感情。今天老师和学生间已不存在传统意义上的师道尊严。作为老师，我对你们有指导教育之责，但我与你们也是亲密朋友。你们有你们的优势，我有我的不足，我们间需要互相学习、互相帮助。

同学之间更是要相互尊重、相互支持。要经常想一想我能为大家做点什么，我为大家做了什么。经常这么想，你就能摆正位置、净化心态，也不知不觉地就提升了素质。集体的事大家齐心协力地去做，尽量不要搞千呼万唤、三请四催那一套，那一套不适应我们师生交流。刚才一些老师和同学们都谈到了互相支持和帮助的问题，这的确很重要、很必要。具体到师生研讨这个平台，核心是积极参与、无私奉献。我们要通过努力把这个平台办得更有特色、更具质量。此前我曾多次提到，师生研讨不光是我们自娱自乐，还要邀请外面的专家来讲课，这一点我们已经做了尝试，但还不够。有些前沿时尚的问题，就得请外面有专门研究的学者来讲授。但对外面的专家就不能让人家免费劳动了，讲课费哪怕少一点也得付啊，这就得有经费支撑，所以还得共同努力。假如我们从不负责任的角度来考虑，那就是多一事不如少一事，何必为此把我们搞得很累呢！但是我前面讲过了，人是要有一点精神的，何况我们背负着服务社会的职责、教书育人的职责和建功立业的职责。所以，我们应当把这个平台办好，并且大家一块努力，正所谓众人拾柴火焰高。通过这个平台和其他活动，把师生关系同学关系搞得更规矩、更纯洁、更温馨和更融洽，通过师生间同学间的互相帮助和支持，不断优化提高我们的政治修养和学术水平，以此为国家作点贡献、为岁月留点印迹，不辜负我与你们之间相互对彼此的良好期望！

  我要讲的就是这些。我们的师生研讨搞了七八年我没有系统地讲过这个问题，所以今天讲的长了一些。不一定都对，请大家批评指正。

一生情 长相忆[*]

2017年4月3日，彭市中学高中1974届同学分别43年后在天门市城关镇重聚。承蒙组委会同学抬爱，不揣浅陋为这次聚会制作的纪念册写了如下一些文字，以飨各位同窗。

我们乡居各异，曾互不相识。

是一张薄薄的录取通知书，带着喜庆、也带着召唤，把我们聚在一起。从此，我们有了一段共同的经历——彭市中学高中学习；有了镶嵌一生的名字——同窗、砚席，姐妹、兄弟。

两年半的学习生活，留给我们斑斓多彩又甜蜜幸福的记忆。我们课堂间切磋、赛场里竞逐、舞台上表演、劳动中比技。我们病床前递水、寒

---

[*] 本文写于2017年4月，系作者应邀为原天门市彭市中学1974届高中同学分别43周年重聚所制《纪念册》撰写的序言。

■ 2017年4月,作者与部分高中老师同学合影

冷时送衣、相携相帮、相依相知。我们有小淘气,也有大境界,稚嫩中透着成熟、柔弱里显出坚毅。为着彼此,我们曾欢呼雀跃、热泪湿衣;也曾拍案而起、共怼不义!分分秒秒、点点滴滴、踯踯躅躅、孜孜矻矻,妆成了我们青春的图画,也铸就了我们终生的情谊。

带着憧憬、怀着志趣,我们依依惜别,走向各自天地。这一别,斗转偕星移;这一别,云深不知处。未曾相见,少了联系。但那份期盼美好的祝福,那份祈望平顺的关注,一刻也没有泯灭,深深地烙在心底。

终于,分别43年后,我们重聚。为这一聚,我们排除万难、跋涉万里;为这一聚,我们不辞辛劳、杖立踵步。一声久违的问候,让我们胸涌波澜、眼含泪珠。岁月浸淫,已不见当年各自年轻俊秀的模样,但无须再荐,彼此就自然记起。这是同学特有的默契,这是思念共有的感知。捋着皱脸霜鬓，我们细数历历往事；趁着春日烈酒，我们尽情恣谑欢娱。诵读、吟唱、蹁跹、私语……在这里，没有贵贱、没有高低，不论多寡、不论同殊。一颦一笑、一举一动，连着衷肠，满含暖意。从青葱花季到杖乡年日，岁月的风霜刀剑，改变了一切，却没有改变我们间浓浓的情谊、痴痴的心曲！

怀着它，我们拂过旧岁、开启新历。莫道桑榆晚，为霞尚满天。谁说我们已走向迟暮，我们正经历着又一个青春时期。阳光明媚、春风万里，儿孙绕膝、子孝长慈，外顺内和、胸坦气舒，正是人生惬意时！人间重晚晴。铺满霜红的道路上，我们要更加珍惜自己：多一份超脱，放飞后辈也放松自己；多一份怡乐，愉悦心情也愉化世事；多一份优雅，美艳姿体也美净风气；多一份精致，提升个人也提振全体。未来的精彩，我们会以精彩的心情一起锻造塑制！

摆在我们面前的这本纪念册，精美、雅致。它铭刻着我们生动的过去，也记载着我们欣悦的今日。有了它，我们不再相失；有了它，重逢得以复制。这是一份珍贵的记录，相信它能给我们温馨的回忆，也给我们不竭的动力。

一生情、长相忆，同窗度、永相知。离别时，不要说再见。分别意味着重聚。有身、有心、有了这本纪念册，我们一定后会有期。

做人与治学[*]

刚才 10 多位同学作了发言，有的介绍了自己的工作生活情况，有的汇报了近几年的学习体会特别是论文思考写作的情况，各有特点，应该都在不同程度上给了大家一些启发和帮助。有的老师结合自己的教学研究以及国外访学的经历，讲了一些情况和观点，相信大家也从中得到了不少收获和教益。今天上午，中国人民大学经济学院组成的答辩委员会，为几位同学进行了博士毕业论文答辩，我受邀听了其中的一个部分，感觉老师们阐述的观点很深刻，提出的问题很准确，他们严谨的治学态度给我留下了深刻的印象。像博士毕业论文答辩这样的学术活动，虽然评价的对象是博士生和他们创作的博士毕业论文，但实

---

* 本文系作者于 2018 年 5 月 12 日在北京大学举行的"第 24 次师生研讨会"上的讲话。

■ 2015年11月5日，作者在北京大学作学术讲座

际上也是展现老师们专业素养和学术功力的一个重要场合。对同一篇博士毕业论文所阐述的评价意见是否得当、所提出的质询问题是否准确，实际上也是在考验老师们的本领，是老师们学术水平在同一场合的明里交流和暗中比劲。我在好几次师生教学研讨会上都讲过，师生研讨会是一个重要的学术交流平台，不仅介绍知识、交流信息、通报情况、阐述见解，也是在检验水平、考察能力、了解成果、提供启示，为我们深化教学活动、提高业务水平和工作能力提供一个有力的支持。例如，刚才几位同学谈到撰写博士毕业论文的一些初步考虑，涉及怎么选题、如何展开、怎样创新等方面的考虑，相信对一些即将开始撰写博士毕业论文准备的同学会有启发和帮助。在发言中，许多老师对同学们都表达了深深的祝福，而作为直接指导你们的老师，我更是希望我们这个群体除了越来越大以外，更重要的是希望每个人在自己的

奋斗历程中都有所成就，希望能涌现出一些大学者、大企业家和大政治家，我想这并不是遥不可及的，通过努力是可以做到的。我坚信这一点。在我们这个越来越大的群体之中，大家只要付之以扎实的努力，一定会成长出一批杰出的各界人才，或者说成为各个领域的佼佼者。但要实现远大的理想，达到自身满意、社会认同的好的人生目标，就要从现在起，一步一个脚印地把学习、工作做扎实、做深入，做到越来越好。借此机会，我结合大家的发言，主要就如何治学，同时也兼及如何做人谈几点看法，也可以说是提几点建议，供大家参考。

记得在第19次师生研讨会上，我比较系统地谈过这些问题，今天再谈一谈，有的是强调，有的则是补充。概括起来，是希望大家秉持这样五个"要"。

第一，要有正确的立场

立场体现人品、立场决定观点、立场也制约着思想深度。治学也好、做人也好，首要的是秉持一个正确的立场。我们常常讲要立场坚定，评价一个人也往往看其是否左右摇摆，是不是见风使舵，这就足以说明立场的重要性。但坚定立场，必须立场正确，不正确的立场不仅不能坚持，还需要调整和唾弃，这才不会影响判断的公正性和决策的科学性。而要秉持正确的立场，基础是见多识广、支撑是洞悉规律、依据是审时度势、路径是实事求是。从学习研究的角度讲立场，从为人处世的要求把握立场，我以为恪守这样三点就不会出大的偏差：其一，不唯书、不唯上；其二，不偏听、不轻信；其三，不妄议、不胡言。遇事要有深入的调研、缜密的思考、科学的分析、自主的判断，注重掌握第一手材料，注重梳理复杂的关系，注重判别利益的背景，切不可偏听偏信、人云亦云。在今天各种利益关系十分复杂，人人都可以作为自媒体发表意见的情况下，一个严谨的治学者、一个崇尚公平正义的理性之人要特别重视这一点。

第二，要有宽广的胸怀

胸怀宽广则视野开阔，视野开阔则广纳百善，广纳百善则前程远大。一个心胸狭窄的人是飞不高走不远的。胸怀宽广不仅要有"先天下之忧而忧、后天下之乐而乐"的境界，也要有穷则独善其身、达则兼济天下的追求。而宽广的胸怀并不是先天具有的，它建立在正确的立场、渊博的知识、崇高的品德等的基础之上。有正确的立场才能公正待人、冷静对事，有渊博的知识才能知长觉短、深谋远虑，有崇高的品德才能志存高远、包容天下。所以治学做人要达到较高的境界和水平，心胸要阔，襟怀要大，要用宽广的胸怀对人、对事、对待社会，习惯于提建设性意见、得乐于善以待人、立足于从自身做起。我们每个人都应从品、德、才、智等各个方面锤炼自己，切实垒好登高望远的楼台。王安石所说的"不畏浮云遮望眼，只缘身在最高层"，讲的就是这个道理。

第三，要有刻苦的精神

常言道"宝剑锋从磨砺出、梅花香自苦寒来"，任何成功都可能得益于外部环境的某种支持和自身的一些先天的聪慧，但刻苦努力总是最基本和最必要的。天上不会掉下馅饼，不加奋斗就难以取得成功，这对一些缺乏外部条件支持又不愿溜须拍马、投机取巧的人更是如此。当然，在不太公平公正的环境下，依靠不正当的手段和路道也可能取得所谓的成功，但那终究是靠矮化人格所得到的，不值得提倡。说实话，我不赞成我的学生做这一类人，也不愿意你们通过这种手段去取得所谓的成功。靠自身努力取得的成功才是值得骄傲的，也是能让别人服气、使自己心里踏实的。治学尤其要有刻苦的精神。历史上很多大学者都是历经千辛万苦练就的，废寝忘食、悬梁刺股、闻鸡起舞、焚膏继晷等这些表现刻苦努力的成语，背后都藏有一个个感人的故事。学问要达到博大精深必须刻苦学习，广泛涉猎各个方面的知识，包括非本专业本领域的知识，要灌满一杯水必须要有一桶水的能量；学问要臻于炉火纯青也必须刻苦地学习，要深钻细研、追根溯源、举一反三、融会贯通。除了向书本学习外还要向社会学习，向实践学习。在治学的道路上没有捷径可走，这也像陆游诗所写的那样：古人学问无遗力，少壮功夫老始成；纸上得来终觉浅，绝知此事要躬行。希望大家能记住这一点。

第四，要有创新的品格

创新是取得成功的基本保障，也是衡量是否成功的重要标志。成功的人往往都是别具一格、独树一帜的，古往今来差不多都是如此，跟在别人后面亦步亦趋是成不了大业、做不了大家的。而要别具一格、独树一帜就必须创新。今天我们能记住的很多历史名人，都是以独特的业绩而立身的，包括一些唐诗宋词大家。李白、杜甫、苏轼、辛弃疾等哪一个不是独具特色、独立千秋的？这来自于他们所处的环境、所拥有的基础的不同,更来自于他们与众不同的大胆开拓和探索创新。杜甫曾有言"为人性僻耽佳句、语不惊人死不休",我们看到,他一生都是这么做的,每一首诗都体现了创新的特性和自身的品行,所以才能为人们千秋铭记。我们做学问也要立足于创新,把它作为立言树行的根本,也作为开拓前行的动力。在今天上午胡关子同学的博士毕业论文答辩会上,我讲到了写一篇论文或一本专著要精于观点、言之有物,精于细节、保障质量,精于建树、有益社会一番话,其核心思想也就是要大胆创新。做学问一定不能浅尝辄止,不能照葫芦画瓢,更不能去抄、去搬、去偷。而要创新就得有创新的本领,所以我们要见多识广、要深耕躬行、要兼收并蓄、要探赜索隐。

第五,要有科学的方法

方法问题从来不是一个小问题,它不仅决定着效率,甚至也决定着成败。做学问要特别注重方式方法。比如大家都觉得时间紧,怎么挤出时间来做学问?或者怎样用一样长的时间能取得更好的学习业绩?我曾经做过一些尝试。在大学时,利用实行学分制的改革条件,我往往在上这门课的同时温习别的课,这门课没有耽误,那门课也学到了位,待到考试时几门课的学分都挣到了。这样不仅圆满地完成了功课,也节约出大量的时间来读其他书籍。在武汉大学学习时,我读了大量的哲学、历史、文学和名人传记类的书籍,成为校图书馆借阅书籍最多的学生之一。今天我的经济学文章有些哲学思想和文学表达,除了写经济学文章外还能写点别的,就跟阅读这些书籍有密切关系。在工作期间,我力求认真对待每一篇工作文稿,力争使每一篇文稿都有思想观点、做到逻辑严谨。有些讲话稿，别人讲完以后就扔掉了，而我的讲话稿经过了深思熟虑和认真推敲，去掉开头的"同志们"和结尾的"谢谢"，就成了一篇高质量的学术文稿。在你们看到的我撰写的数百篇论文中，有一部分就是这样完成的，而别的一部分则是在别人休息时我加班加点写出来的。这就是一种挤时间的方法，是把工作和学术研究两者兼顾起来的方法。做学问还有许多种方法，很多大家也创造了不少好的方法，我们要学会总结、注重借鉴，同时要结合自己的学习与工作实践进行探索，真正形成一套适合于我们自身又有利于提高学习研究质量和效率的好的方式方法。

　　我要讲的就这么多。总之作为老师，我对你们寄予无限的期望，期望你们每一个人都能学有所成，都能达到你们所设定的理想目标，都能为社会、为国家作出一定的贡献。上面谈到的这些方面并不是治学做人所要把握的全部内容，但却是不可或缺的内容。限于时间关系，这些方面的内容也谈得不够完备，有些只是点到为止，但应该说核心思想和基本要求已经表达清楚了。不一定都对，仅供你们参考，但如果大家能听进去并且因此取得了成效，我想我会十分高兴的。

改革背景下物质精神关系与企业文化建设[*]

很高兴受主办单位邀请能参加这样一个重要的盛会。回想起多年前我和一批领导和专家一块研究企业文化的那些时光，今天站在这里，有一种重新回归的感觉，感到格外的亲切。虽然由于工作忙的原因，这些年我没有太多的关注和研究企业文化，但是有关企业文化的情结一直是潜藏于心的。所以会议主办方要我就企业文化相关问题谈一些看法，我就很爽快地答应了。我很乐意与大家分享一些我的思考，希望能对大家有所帮助。

刚刚我想到了与企业文化相关又与当前实际紧密相连的两个情况。第一个情况是，我们正在总结回顾改革开放40年的旅程。这40年来，中

---

[*] 本文系作者于2018年11月17日在"中外企业文化2018深圳峰会"上所作的主题报告。

国经济取得了举世瞩目的辉煌成就，经济增长年平均超过了 9.5%，这是很了不起的。全面总结这个过程，看到取得的很大成就，积累了丰富的经验，但也能感觉到这个过程并非是一帆风顺的，我们也付出了不小的代价。这个代价体现在许多方面，包括生态环境的代价、社会风气的代价，也包括人文精神的代价，在市场经济的发展过程中，出现了对优良文化的抛弃、对奋斗精神的漠视等情形。今天我们总结 40 年的发展里

■ 2018 年 11 月 17 日，作者在"中外企业文化 2018 深圳峰会"上作报告

程，不仅仅要总结所取得的一系列成就，也要查找出工作中存在的不足，从而能够针对性地解决这些问题，放下包袱、轻装上阵再创发展辉煌。第二个情况是，不久前发生了轰动全国乃至世界的长春长生生物科技有限责任公司制售假疫苗事件。现在看这个企业可以说是人财两空，有关部门对之罚款 90 多亿元，有 10 多人被逮捕，一些人可能会判处重刑。最后的结果现在还不得而知。这个事情表明，其所作所为是与企业要实现的长期发展和快速发展背道而驰的。这里面缺失了

什么？我们可以从很多方面找原因，但我觉得一个十分重要的原因就是没有优良的企业文化和企业精神。下面我会谈到，诚实信用是现代市场经济的一个本质规定，企业生产经营必须诚实守信。如果长生公司诚实守信、有历史担当和社会责任，它就不会有今天这样一个结局。因为追求一时的辉煌和无底线的利润，所以招致了今天这样的一个后果。我想它的董事长现在在牢房里应该是非常的后悔，但早知今日何必当初啊！这两个情况实际上都说明一个问题，文化建设包括企业文化建设十分重要，所以在今天形势下强化文化建设非常有意义。我要讲的话题是全面深化改革背景下物质与精神关系的把握及企业文化建设，这个题目很长，但结合刚才谈到的两个情况应该说讲讲很有必要，很切合今天的会议主题。

刚才有几位同志都提到了，党的十九大报告强调，文化是一个国家、一个民族的灵魂，文化兴国运兴、文化强民族强。其实这对于企业而言也是如此。文化是企业的底气与精神，是企业的核心竞争力的重要体现，文化盛则企业旺、文化优则企业发。企业文化对企业发展非常重要，但从总体上说企业文化决定于国家文化。企业文化固然有自身的特质，但根基是国家文化，国家文化建设的状况直接影响着企业文化的状况。所以党的十九大报告强调，没有高度的文化自信、没有文化的繁荣兴盛，就没有中华民族的伟大复兴。所以，要坚持中国特色社会主义文化发展道路，激发全民族文化创新创造活力，建设社会主义强国，在这个基础上，培育和创新企业文化，增强企业活力与竞争力。这样企业文化才是有源之水、有本之木。基于这种考虑，我给大家重点谈这样几个问题。

第一点，在全面深化改革中处理好物质与精神的关系十分重要

回顾我们过去走过的路程就会发现，在以实现经济利益为导向的市场经济的发展过程中，对先进文化和时代精神的追求很容易遭到忽视。过去几十年来，一方面，反映市场经济要求的文化观念、文化形态、文化模式等迅速发展；另一方面，有一些体现中华优秀传统文化和社会主义先进文化的理念操守却没有有效坚持，而其中有些反而遭到了严重践踏，带来了一些问题。我想从稍微深层一点的角度来作分析。

市场经济模式并非是千篇一律的。在市场经济条件下，如果唯钱是图或唯物质主义，就会带来一系列问题。换句话说，无约束的资本逐利会令人达到疯狂的程度。关于这一点，回顾一下马克思的有关论断可能对今天深入认识这个问题有特别的意义。马克思在《资本论》中曾经提到这样一段话，这段话并不是马克思自己的话，是他引用的。他在讲到资本追逐利润的贪婪的时候说，资本来到人世间，从头到脚每个毛孔都滴着血和肮脏的东西。而在这句话后面的注释中，他引用了如下的话语：资本害怕没有利润或利润太少，就像自然界害怕真空一样。一旦有适当的利润，资本就胆大起来。如果有10%的利润，它就保证到处被使用；有20%的利润，它就活跃起来；有50%的利润，它就铤而走险；为了100%的利润，它就敢践踏人间一切法律；有300%的利润，它就敢犯任何罪行，甚至冒着绞首的危险。这是马克思讲资本原始积累、讲资本的本性时引用的这段话。从他前后文的论述看，他显然是十分赞同的。我们认为，在市场经济条件下，追求最大限度的物质利益具有正当性合理性，但这种追求是有约束的、有前提的，市场经济并不是不择手段追求金钱的经济。我再强调一下，大家应该切记，以追求利润为中心，通过努力最大限度地实现市场效益，这是市场经济的一个本质特点，但这种追求是有前提和受约束的，否则就会出现疯狂无度的情况。这种前提和约束是什么？是遵守法律和规章，是秉持社会道德和公共价值理念。无视于这些原则的对利润的疯狂追逐，必然是制假售假、坑蒙诈骗；必然是不择手段、无视后果；必然是寻租受贿、腐败堕落；必然是尔虞我诈、钩心斗角；必然是经济的下滑、社会的混乱、道德的沦丧和文化的衰落，最终必然是国家和民族的衰亡。对这些问题我们在现实生活中、在国内外的实践中已经痛切地、频繁地感受到了。疫苗问题涉及千万人的生命和健康，特别是广大儿童的生命和健康，这么重要的一种药品，长生公司居然敢冒天下之大不韪，你说它是不是为钱而疯狂了？所以，在推进社会主义市场经济发展的改革中，物质和精神的关系处理是否得当，不仅决定着改革的质量和效率，而且决定着改革的方向和命运，失去了正确精神品质的市场经济，必然是一个坏的市场经济，最终会给国家和社会带来灾难，也必将为人民所抛弃。

党的十九大特别强调，要以马克思主义为指导，坚守中华文化立场，立足当代中国现实，结合当今时代条件，发展面向现代化、面向世界、面向未来的，民族的科学的大众的社会主义文化，推动社会主义精神文明和物质文明协调发展。而有了这个基础，企业文化的培育与建设也就有了原则和方向。

第二点，现代市场经济是物质精神的统一体，而社会主义市场经济必须体现物质与精神的高度融合

我们现在看到的以西方发达国家为代表的各具特色的市场经济，并不是原始的市场经济，或者初级的市场经济，因而它们都不是我们前面提到的唯钱是图的市场经济，而是体现物质与精神相结合的市场经济，我们叫它现代市场经济。换句话说，现代市场经济是物质与精神的统一体。

从精神层面考量，现代市场经济有两个重要的特点：其一，它是法治经济，具有比较完备的法制。以适当的法律法规对市场经济体制、关系及活动加以确定、引导、促进、规范、保护和制约，使各种经济活动有序运行和不断发展。西方发达国家实行的市场经济，包括美国和欧洲一些国家的市场经济，没有那么严重的制假贩假，以牺牲他人健康和生命为代价来追求利润的做法很少，就是因为它具有健全的法制，法治促使人们对利润和金钱的追求运用正当的手段、以公平公正的方式进行，法制约束各种危害公共道德和社会共同价值理念的行为发生与漫延。是否现代市场经济，有没有健全的法制是很重要的一个衡量标准。其二，它是信用经济，或者说是诚实守信的经济。市场交易产生结算与承诺，结算与承诺形成契约，而契约要求践约守信，这是一个相互关联的链条。信用还产生信誉，信誉形成品牌和名牌，从而推动高质量发展、获得高效率。所以，信用是衡量现代市场经济的另一个重要标准。法制和信用构成了现代市场经济两个内在本质规定，从制度和道德两个层面相辅相成地维护着市场经济的有序有效运转，凸显出了现代市场经济的精神特质。因此我们说，现代市场经济本质上是一种物质和精神融合的经济形态。我之所以一开始就跟大家讲有关唯钱是图的市场经济、不受约束的资本追逐利润等问题，就是为了便于大家理解现代市场经济，从而凸显现代市场经济所具有的精神特质，使大家明晰现代市场经济既是物质的也是精神的。

那么，社会主义市场经济的特点是什么呢？作为市场经济，社会主义市场经济当然也必须追求物质利益，寻求经济利益的最大化；而作为现代市场经济，社会主义市场应该秉持法制和信用追求物质利益。但这还不够，社会主义市场经济作为依托于一种先进制度的市场经济，它应该比欧美实行的现代市场经济更具优势。也就是说，中国作为社会主义市场经济的创造者，应该发挥自身悠久文化优势和先进制度优势，在构建高水平的精神文明的基础上，最大限度地发展物质文明。综合考虑，这种高水平的精神文明的构成要件至少源于如下方面：一是源自于中华民族几千年文明历史所孕育的优秀传统文化。这些文化积淀着中华民族最深层的精神追求，是当代中国发展的突出优势。不能因为搞市场经济，就认为这些文化过时了、无用了，然后就把它们抛弃了。我一开始就谈到，我们许多好的文化传统被一部分人丢掉了，其中包括一些非常重要的精神理念。如"天下兴亡、匹夫有责"的担当意识，崇德向善、见贤思齐的社会风尚，还有"仁义礼智信"的处事待人守则，还有"君子爱财、取之有道"的发财观念等，这值得我们好好反省反思。二是源自于各国在发展市场经济中创造的一般规制和做法，这是人类共同创造的文明成果。如法制观念、信用体系、契约制度，还有我们在研究自贸区建设，研究实施负面清单管理时常常谈到的"法无禁止皆可为、法无授权不可为"的管理原则等。这是包括中华文明在内的世界文明成果，我们理所当然地要吸收运用，融入我国市场经济的体制建设之中。三是源自于我们党领导人民在革命、建设、改革中创造的革命文化和社会主义先进文化，党的十九大报告明确强调了这一点。这是在艰苦卓绝的伟大实践中，探索形成的独具价值的特色文化，如"为人民服务"的思想、坚持以人民为中心的发展理念、"两参一改三结合"的管理方式、实事求是的原则等，我们中国创造的这些特色文化，许多得到了世界的认同。比如，日本的许多企业就长时期学习我们创造的"两参一改三结合"，以优化决策、调动各个方面的积极性。别人都在学，我们就更不能轻视自己所创造的这些富有价值的特色文化。所以，建设社会主义市场经济，要把这些好的文化融合在一起，体现在新的体制机制构造之中，通过这些古今中外的文化思想、观念、规制、守则的整合交融与优化提升，形成超越欧美市场经济的更加成熟更加先进的经济形态。使之成为推动社会主义物质文明迅速发展的强大精神力量。

第三点，当前市场经济运行中存在的主要问题及精神文明建设的基本方向

从当前实际看，在物质文明迅速提升的状况下，精神文明建设还存在着不少薄弱环节。在市场经济运行的过程中，出现了许多违反人伦常理、突破道德底线、破坏经济发展秩序、危及人民生命财产安全的行为，引起了人民群众的不满。具体地说，可以归纳为如下三种情况：

一是共同信仰和核心价值观缺失，由此导致是非不辨、好坏不分、遇难不援、好人难做。造成这种状况的原因可能是多方面的，有教育不当的原因，有为一己私利而对过去一些做法的盲目否定或过头否定，有西方势力的策动或少数代理人的兴风作浪、煽风点火，有别有用心的人煞有介事的"真相"解读或貌似公正的历史"揭秘"，还有部分管理者的绥靖迁就等。但不管是什么样的原因，导致的状况就是，经过多少年努力和积淀形成的中华民族核心价值观被淡漠了甚至丢失了。这几年我们又开始强调弘扬社会主义核心价值观，并且作了重新概括，这其中的内容既包括新中国成立以来形成的文化理念，也包括中华民族五千年多来文明历史所产生的文化理念，还包括在世界发展中我们人类共同创造的文明成果比如说民主法制，只是文字有点长，一下子不好记住，但总算把建设核心价值观的问题提到了一定的位置。有那么一段时期真是混乱啊！你要一谈实现什么主义、达到什么目标，有的人就很反感。几千年来连封建社会都没有做不敢做的事情在今天的社会主义中国被有些人做了。比如一些人否定我们的民族英雄，从古代到现代有代表性人物一个都不放过，如有的人说岳飞、文天祥不是民族英雄，而是民族分裂分子，所以就从教科书中把他们删掉了。而真正的汉奸则受到追捧。比如说南宋的秦桧，是南宋以来历朝历代公认的大汉奸，连秦家的后人都以他为耻，有句话叫作"人从宋后羞名桧，我到坟前愧姓秦"。秦桧一直以下跪谢罪的形象留存后人，但前些年有的搞雕塑的所谓艺术家却让他站起来了。还有马步芳，这个人在历史上是穷凶极恶的，我们不要说他杀了多少人，就说他奸淫这个事，他是生我的不奸我养的不奸，除此外其他女人都逃不脱他的魔掌，这样的人在某些地方被某些人大加歌颂。还有白彦虎这样的真正的分裂分子也被一些人捧为英雄。日本人侵略中国，杀了那么多人，现在却出了不少精日分子，以当"日本皇军"为荣。大家想想，很多上千年来没有出现的东西居然在我们当今社会主义时代出现，这难道是正常的吗？先进的优秀的价值理念丢掉了，醉生梦死的东西却堂而皇之大行其道，什么"宁在宝马里面哭、不在自行车上笑"、什么"笑贫不笑娼"等，大家觉得这些东西与我们这个时代的品格是相融的吗？即便是在西方，这些也不是什么好的价值观。有人对宣传国家提倡的价值理念的有反感，常常说西方如何没有说教、如何没有政治宣传，其实不是那么回事。比如拍电影，我们的导演要么找丑的东西拍，要么拍一些直接间接引导人们不走正道的东西，前不久某人崔怒怼引起较大社会舆论关注的那部影片，咱们先不说它跟某个人有什么直接关系，就这部片子社会价值而言，除了表现的是找小三、说假话、你欺我瞒以外，还有什么正面意义？这样的片子怎么引导人们走正路？反观美国大片，很多大家崇尚的追捧的影片，哪一部不是宣扬美国精神的，像《冰峰抢险队》《拯救大兵瑞恩》《血战钢锯岭》等，哪一部不是？还有很多例子，时间关系我就不说了。

　　二是"一切向钱看"导致丧失基本人伦和道德底线。纵观实际生活中，这样的状况可以说比比皆是。有人可以不惜以牺牲别人生命安全造毒食品、造假冒伪劣的药品；有人在汽车火车上公然霸占别人的座位，还不知羞耻地胡搅蛮缠、振振有词；有的可以在行走的汽车上与司机殴打、抢夺汽车方向盘，直至导致了在重庆发生的人间灾难。这些状况在西方发达国家都很难发生。还有诚实守信的观念比较淡薄，有的人可以说是完全丧失了，自古以来是"杀人偿命、欠债还钱"，现在一些情况下是杀人不偿命、欠债也不还钱，欠债甚至比借钱的还厉害。还讲一点，中央现在大力推动脱贫攻坚，为了限期脱贫，许多扶贫工作队员辛苦工作，到贫困家庭与贫困人员同吃同住同劳动，但一些被扶的人要么是"靠着墙根晒太阳、等着别人送小康",要么是挑肥拣瘦嫌人家救济的不够。原来送点油送点米面挺高兴的,到后来不送钱不行了,现在呢光送钱也不够了,有的提出缺老婆要工作队员帮助送个老婆来,这些都表明了一种变化。这些变化不仅反映在普通人身上,也反映在层次比较高的人身上。大家都知道了,不久前有的名牌大学的校长读了错别字,不是真心实意承认自己的不足,而是甩锅给历史、甩锅给别人,这在以前似乎是不可思议的事情。

　　三是一些不积极不公正的司法与行政行为,导致了自发的无分寸的民间自决自裁情况的接连发生。典型的如山东聊城的"辱母杀人案",还有最近发生在昆山的"反杀事件"等,出现了不少与梁山好汉类似的老百姓自决自裁的行为。许多自决自裁行为的发生是与我们司法、行政的不作为或不公正作为有密切联系的。这些越来越多的民间自决自裁行为,有的尽管是合理的,但并不是一个法治社会所必然具有的,而且在很多时候是不可控和难以把握分寸的,因而最终也是扰乱社会秩序和法治的。我们不能让这类民间的自决自裁行为流行,我们要用公正的有效率的法治、要用积极的有作为的行政去解决这些问题。再比如说黑社会问题,不久前中央有关部门部署了全国打黑行动,昨晚我刚下飞机就看到了门口的大幅关于扫黑打恶的标语,包括严打强买强卖、敲诈勒索等。我有点不明白了,为什么我们社会主义中国还有黑社会呢?我知道过去很长时间我们没有。我还有点不明白了,为什么黑社会怎么就打不绝呢?我们这是打了多少次了?给人感觉有的地方似乎越打越多。这是很不正常的,无论是与社会主义制度,还是与现代市场经济都是格格不入的。反复出现黑社会,就必然与法治不健全、行政不得力有密切关系。是不是这样?

所有这些问题都应该引起我们的高度重视，是我们在推进社会主义市场经济建设中间必须着力解决的。我们不能光盯着钱，不能认为有了钱就行，中国不仅要走向富强，还应该走向高度文明。我们的目标是建立富强民主文明和谐美丽的国家，这才是我们民族真正复兴的核心要求。中华民族不仅要在经济发展或物质文明建设方面走在前面，还要代表世界文化和世界文明的最高水平。不要让人们以为，中国人除了钱什么都没有。

因此，加强文化建设十分重要。党的十九大报告强调坚持的四个自信中，坚持文化自信是其中之一。报告用长篇的文字阐述了坚持文化自信的问题，足显出它的重要性。我们建设的市场经济，如果不坚持物质文明和精神文明相统一，这样的市场经济连西方发达国家的市场经济比不上。至少在目前我们在社会道德和市场信用方面，是存在着明显问题的。在今天总结改革开放40年的成就时，我们要清醒认识这些问题，并在下一步全面深化改革进程中，有针对性地解决这些问题。在这方面不能马虎，马虎会出大事。老百姓原来争着做好事，现在却害怕做好事。原来做了好事一定能得到感谢，但即便是没有得到感谢，做好事的人也会觉得很开心，现在呢？很多时候不光是得不到感谢，还受到讹诈甚至还惨遭殴打，因为被救助的人不相信有人还会做好事。现在有的人不光不做好事反而还给你碰瓷。这反映的是一个大的社会环境的变化，不能看作是个案。这些问题是怎么出现的？是因为我们抓得不力呢，还是因为我们压根儿就忽视了这一点，以至于睁一只眼、闭一只眼使其大行其道、渐成气候了呢？总之，从某种程度上说，精神文明建设的滞后已经形成了对物质文明提升的严重制约。全面深化改革，要把精神文明建设放在突出重要位置，牢牢把握社主义先进文化的前进方向，坚持制度建设、道德建设和教育引导并重，大力推进精神文明建设。在这个问题上，我以为要着力抓好三个方面：

其一，要提高思想认识。不能把市场经济看作是单纯追求利润的经济，更不能看作是可以不择手段追求利润的经济。如果包括公共领域公益事业在内一切都以金钱为中心，这个社会就会逐渐烂掉。如果政府官员以追求金钱为中心、医生以追求金钱为中心、教师以追求金钱为中心，这个社会就完全乱套了。市场追求利润是在遵守公正规则和公共道德基础上进行的。不要把以经济建设为中心等同于一切以赚钱为中心，不能不分领域搞泛市场化。我今天说这个话，决不是无根无据或未经思考的信口开河。我本身就是搞改革出身的，曾担任过国务院体改办综合司的司长和国家发展和改革委员会综合改革司的司长，应该说我比一般人对改革都有感情，但是我深知，我们的改革所要建立的是一个公正的法治的、有信用有道德的市场经济，决不是唯钱是图不择手段不顾一切攫取物质利益的市场经济，这一点很重要，应当在思想上认识清楚。

其二，要健全市场法治。经过40年的努力，一批重要的市场法律法规相继制定颁布，市场经济运行发展已经有了基本的法律规范，但我们要看到，一些关键方面的法律法规仍然缺失，而且存在着执行不力的问题。要以保护产权、履行契约、促进市场统一、维护平等交换、保障公平竞争为基本导向，进一步完善相关法律法规。与此同时，采取建立责任机制等有力措施，实现及时执法、严格执法和公正执法。通过健全法制，加快提升全社会的文明程度。我要强调一下，完善法律法规很重要，公正执法更重要。前一段税务部门对某个知名影视演员偷税漏税的问题进行了处理，罚了不少钱，但有的人比照以前航空小姐贩卖化妆品被判处 10 多年徒刑的处理，认为还是处罚得太轻。是对演员判轻了还是对航空小姐判重了，我们不好评论。但有一点应把握，不要让普通老百姓直观感觉差异太大，从而引起广泛议论，更不能因此导致大家对执法系统的不信任。案情摆在那，结果是一个判了十几年，一个仅仅罚款了事、免于刑法处理，尽管专家有合法的解释，但一些人还是觉得接受不了，他们直观对比觉得执法不公平，这样就会影响到他们对执法公正性的看法、影响到对政府公正性的看法。而老百姓是社会的主体，他们的言行从根本上决定着社会的安宁安定。所以我们不能仅从专家角度看问题，要考虑到老百姓的感受和评价。要真正做到执行有力、执法公正。没有这一点，再完善的法规也不能形成有效的法治。

其三，要加强教育引导。要把课堂教育和各种形式的社会教育有机结合起来，让市场经济的正确理念和中华优秀传统文化、社会主义先进文化深入人心，并融入社会生产生活的各个方面。通过教育引导，推进公民思想道德建设，使广大群众自觉培养和积极践行社会主义核心价值观，不断提高思想觉悟、道德水准和文明素养，严守市场经济规则和道德价值标准，推动我国的市场经济朝效率、公正、健康的方向发展。

第四点，新形势下企业文化建设的主要内容和基本路径

前面谈到，把国家文化发展的大思路搞清楚了，企业文化的建设就有了原则和方向。尽管企业文化有自己的特点和本色，但总体上说还是源自于国家文化，对此我们决不能含糊。在讨论了全面深化改革

背景下处理物质与精神关系、推进新时代文化建设的基本思路后，我们再来讨论一下新形势下企业文化的建设问题。

首先，什么是企业文化？在座的有关同志可能还记得，我在很多年前中国企业文化研究会举办的有关会议上曾谈过什么是企业文化，并且也写了文章。如果大家想了解，可以在百度点击关键词查一查。经过这些年的观察思考，我对企业文化又有了一些进一步的认识。事实上，企业文化是一个综合的概念，良好的企业文化应当是体现时代风尚且能够给企业带来日益增长的经济利益的文化，应当是体现现代社会化大生产和发达市场经济要求、能够给企业带来较高活力和效率的文化。具体来说，其一，企业文化是蕴含于企业体制之中，通过特定的财产组织形式、管理方式、运行机制等体现出来的精神、理念、信仰、习俗等的总和，反映在企业产品生产经营活动的各个环节。企业体制不仅仅是经济现象，也是文化现象；企业的产品不仅仅是商品，也是一种文化载体。其二，企业文化建设不仅仅是唱歌跳舞、琴棋书画，也不仅仅是观光旅游、玩耍游乐，这些是企业文化活动的内容，企业文化建设也需要它们，但它们不是企业文化的主体，更不是企业文化的实质性内容。其三，企业文化不是企业管理者个人的随心所欲和喜怒哀乐，不是企业领导者管理者的兴趣爱好。企业文化需要企业领导特别是一把手重视关心、亲力亲为，但要防止把一把手的嗜好等同于企业文化或者当成它的主要内容。我们注意到，这种情况在现实生活中很普遍，这不是一种正常的和合理的状态。

企业文化既是一定时代环境下国家文化的反映，又是自身体制、行业等特点的体现，它的本质是塑造符合历史底蕴、民族特性、时代特色、行业特点的精神品格，这是我关于企业文化深层内涵的一个看法。对企业文化的认识应有大基点、大视野和大格局，应当与国家文化、世界文化紧密联系起来，应当从历史、现实、民族、世界、一般、特殊等多个维度来一体把握。有鉴于此，我以为，一个优秀的企业所要塑造的核心精神品质，包括这样五个方面。在这里我要强调一下，这是我个人的一些看法，我讲的是学术报告，既然如此，这些看法是可以讨论的，大家可以完全不同意我的意见，展开讨论我最欢迎的，当然你们怎么说我也不会写文章反驳你们，各抒己见吧！

哪五个方面的精神？

一是爱国精神。企业是要爱国的，不要以为企业只是不分国界的赚钱。爱国是不同国家企业的共同特点，美国的企业爱不爱国？当然爱国、爱美国。在关键时候，美国企业都是服从美国国家意志、听从美国政府安排的。从这一次美国对中国发起的贸易战中我们就能看得清清楚楚。其他国家的企业也一样。还有，也不要以为只有中国的企业会受到政府干预，有的人经常抨击这一点，美国不是一样吗？身处所在国家受其政府的管理可以说是理所当然的，当然这并不是说政府管理不要讲究方式方法。这跟前面讲到的宣扬国家精神差不多。并不是像有的人所说的那样美国的作品都是独立创作的、不受政府干预的，决不是那回事。我们前面谈到了，哪一部美国作品不是在宣扬美国精神？身在美国，必然要受美国法律的制约和美国政府的管理。有些人为了抹黑自己的国家和政府，常常在那里没有根据地自说自话，如果你不认真思考和了解，你就会上当受骗。无论你是否国际企业，你首先都是本土企业，首先是属于你的国家的。既然如此，爱国就是企业的本分、天理和基本的底线，无论是国有企业、其他公有企业，还是私有企业都不能例外。你诞生于这个国家、作为这个国家的一员，你就与这个国家有了扯不断的"血缘"关系，爱国也自然成为一种本分、本能和天然职责。爱国精神也就必然是企业文化的一个重要内容。我们常说儿不嫌娘丑、狗不嫌家贫，或者在儿女心中，自己的娘是天下最伟大的母亲；在父母心中，自己的孩子则是天下最好的孩子，这是一种天然感情所决定的，或者说是由一种天然的"血缘"关系所决定的。所以我们看到，前不久有个企业领导说，我们的企业不是中国企业而是世界企业，瞬间就被网民骂得一塌糊涂，最后不得不改口解释。其实美国的许多企业都是世界性的企业，但它首先是美国企业，关键的时候它也是首先维护美国的国家利益的。谁能给我们举一个例子，哪个美国企业不维护美国利益？所以不要被有些人牵着鼻子走，我们要用事实说话。

二是契约精神。契约精神是市场经济的本质，也是一个企业的基本品格。我们讲要诚实守信，实际上就是要遵守签订的合同与契约。中国传统文化无论是讲"君子一言、驷马难追"，还是讲"杀人偿命、欠债还钱"，抑或讲"一口唾沫一颗钉"，都是从不同角度讲诚实守信、履约践约。作为一个企业，具有契约精神，不仅仅是讲要履行合同合约即向合作者负责，还要讲向消费者负责、向社会负责、向历史负责。我们说在今天许多优良文化被丢掉了，就包括契约精神的丢弃或缺失。举个例子，现在居然有那么多三角债，居然有那么多欠账赖账的人和企业，并且流行着一种"虱子多了不怕痒"的文化，这是一件很怪的事情。文明进化到21世纪，况且我们实行的还是社会主义制度，居然出现欠债不还的状况，甚至欠账还有理的状况，岂不是怪怪的。这种做法是不是比封建社会的做法还不如呢？这难道是社会文明所需要的吗？难道是我们企业文化所需要的东西吗？决不是。我们要的是诚实守信。所以，企业文化的第二个重要精神是契约精神，必须努力培育、积极践行。

三是责任精神。前面我讲了企业要向谁负责的一大堆责任，这其实就是责任精神。简单地说，我身处了这个岗位、我拿了这份钱、我做了这个承诺，我就要履行好这份责任，切实把这件事办好。我看到一份介绍德国制造业特别是精密制造业为什么历久不衰的材料，其中讲跟德国工人的责任心是密切相关的，这个说法与我们在德国企业调研所了解的情况是一致的。从德国的情况看，形成一个高端精密的制造业产品靠什么？靠创意或者设计，这很重要；靠材料，材料差了也不行；靠工艺、靠模具等，这些都重要。但最后一点更重要，这就是责任心。如果没有责任，即便再好的设计、材料、工具，也不会造出高质量的产品来，或许还会制造出一堆废品。所以德国制造的重要内涵是责任精神。我记得介绍材料中讲到，记者采访工人的时候他们说，我们把制造每一件产品都看作是自己要生下的一个孩子来对待，要认真呵护、精心打造，我们这样做不是对别人负责，甚至不是对企业老板负责，而是对自己负责，对自己的信誉负责。这是一种什么样的精神啊，这就是责任精神，它应当成为我们构建企业文化的重要内容。

四是工匠精神。工匠精神直接地说就是一种企业精神，它是爱岗敬业、精益求精、精细专注、牺牲奉献和创新提升等精神的一种综合体现，背后潜藏是流血流汗、千磨万击和锲而不舍。今天，国人往往给外人留下马马虎虎、得过且过的印象，而市场上则充斥着假冒伪劣、粗制滥造的产品，就与工匠精神、责任精神等的缺失密切相关。所以，建设企业文化要大力重塑弘扬工匠精神。通过教育引导和运用有效机制，造就一大批能工巧匠，使工匠精神不仅成为企业精神，也成为国家精神。

五是创新精神。对国家而言，创新是第一生产力；对企业而言，创新则是企业的生命。因此创新应该是企业的本能，创新精神应该作为企业的支撑，应该成为企业文化的核心内容。我们常常讲要快半拍、讲超常规运作，其实都是讲要创新。没有创新，企业迟早要关门。无论人也好还是企业也好，都是在一个个创新中成长进步、发展提升的。换句话说，企业做强做大做优的基础都是创新。因此要大力培育创新精神，树立创新思维并把创新融入企业生产经营的全过程。

这就是我关于什么是企业文化、企业文化的核心内容是什么的一些认识。

那么，怎么样构筑优秀的企业文化呢？总体上说，手段是多元的、路径是丰富的。各个企业的情况不同，采取的操作手段和实施路径要坚持从实际出发。在一般意义上，我简要提出这样三个方面。

其一，强化教育引导。要自觉学习和继承中华优秀传统文化，发展和弘扬面向现代化、面向世界、面向未来的社会主义文化，坚持正确的价值导向，并以此作为企业文化建设的基础，使核心的文化理念和价值观融聚到企业运营的各个层面、各个环节，切实转化为企业职工的情感认同和行为习惯。

其二，建立制度保障。首要的是完善企业制度，良好的企业制度才能成为先进文化的载体。企业要按照现代市场经济的要求不断完善企业财产组织形式和法人治理结构。与此同时还要建立强有力的组织管理制度，把企业文化建设特别是核心精神的建设纳入决策层的主要议事日程，一把手要亲自抓、亲身做出示范，并把相关考核作为评价企业和职工素质与业绩的重要标准。

其三，注重实践积累。要善于总结提炼企业领导集体和职工群众在生产经营活动中创造出的优秀文化观念、生动文化形态和优良文化行为，要学习借鉴国内外企业所培育积累的好经验好做法，汇众家之所长而为我所用。比如日本企业的平等意识，日本的企业给员工灌输"以企业为家""一损俱损、一荣俱荣"等观念，尽量缩小企业老板与员工身份距离，从而使职工心甘情愿地为企业作贡献。比如美国企业的进取意识，强调唯才是用、唯能是举，宣扬"能力强、机会多、待遇高"的认识，激励企业员工自觉提高素质、增强能力。比如德国企业的责任意识，强调荣誉高于一切、信用关乎历史的观念，促使企业员工精于专业、看重质量，从而崇尚吃苦耐劳、深耕细作。

这就是今天我要跟大家讲的基本内容。在全面深化改革条件下处理好物质和精神的关系以及在这个前提下做好企业文化建设，可以说使命光荣任务繁重。我们许多企业已经创造了很多好的经验和做法，应该在这个基础上继续提升完善，使企业在创建经济大业的同时也成为文化发展高地。让我们大家一起努力。

中国经济学研究范式的偏差与矫正[*]

理论和实践可谓一对孪生兄弟，相互影响、相互促进，理论产生于实践而又指导实践，而实践催生理论又为理论所牵引。理论不能脱离实践，脱离实践的理论一定是不科学的、形而上的或纯逻辑的。反过来说，理论的创新发展一定要以实践为基础、为依据。

当前中国经济学研究存在的突出问题

观察当今中国经济学的理论研究和探索，有

---

[*] 本文是作者在有关单位举办的"经济学范式研讨会"上的发言，刊载于《区域经济评论》2020第4期、《北京日报》2020年7月27日。

一种脱离实践的倾向需要我们注意和警惕。中国当下的经济学研究在摆脱热衷于政策解释、文件辅导、经典注解的同时，出现了以下需要警惕的几种倾向或问题：

2020年11月14日，作者在天津市作学术报告

其一，越来越热衷于闭门造车。一些人的研究成果与实践毫不沾边，既不是实践进程的科学总结，也不是未来发展的务实建议，而是仅凭主观意志、热衷于异想天开的逻辑演绎和文字幻变，除了孤芳自赏外，毫无社会意义。

其二，越来越精心于概念创造与话语标新。习惯于把简单的道理用晦涩复杂的词汇表述，热衷于生搬硬套外来的词汇，不管是否符合中文的逻辑和法式。

其三，越来越沉迷于数理范式。无论需不需要、严不严谨都要堆砌一些复杂的函数关系和数学公式，满篇充斥着并非必要的希腊字母和拉丁文字，使简单的问题复杂化，明了的实践问题繁琐公式化。

其四，越来越专注于引论立论。习惯于通过引述论点来论证观点，不注重实践依据，不注重是否"需要"或者"必须"。只是与过去言必称马、恩不同，现在是无论是否贴切和需要，都言必引用欧美学者的观点，似乎一篇论文不引述若干西方学者的话语，就不成为论文了。

其五，越来越屈服于外来标准。撰写论文、采用文稿、评价文章都以西方特别是欧美刊物或其偏好为标准，西方论文范式成了衡量文章形与实的唯一范式。

总的来说，这些倾向使中国经济学研究中透露出一种强烈的"西进"或"西化"的色彩。那么，西方经济学的研究又是怎样的呢？它似乎不同于我们一些学者的做法。西方经济学的发展基本上是建立在西方市场经济实践基础上的，理论与实践总体上是符合的。我们熟知的萨缪尔森主编的《经济学》，到现在已经修订出了第19版，而修订的依据就是西方和世界其他国家的实践成果，包括中国发展创造的成功实践经验。而我们一些学者的经济学研究却是一种脱离中国实践的"西进"与"西化"，因而这种西化带来的必然是虚化。

这种脱离中国实践的西化和虚化是否有道理？答案是否定的。新中国成立70多年的实践表明，中国走出一条在整体上不同于西方的发展道路，而我们对这种道路的自信在于，中国从一个基本毁于战火的"一穷二白"的国家转变成为世界第二大经济体。中国这种迅速发展的状况是很多发达国家都难以比拟的。既然如此，偏离中国独特发展实践的西化和虚化，显然是不科学的。

建设中国特色经济学具有坚实的实践基础

诚然，中国的发展实践全面汲取了人类社会的共同文明成果，包括西方市场经济发展的成果。例如中国实行了市场化取向的改革，发展了社会主义市场经济，这其中有不少与西方市场经济共同的地方。

在中国的经济学理论研究与发展中应该充分体现这些内容，包括与其相适应的研究方式和表达范式，一味排斥也是不科学的。但中国的经济学不能仅有这些内容，特别是不能完全套用西方经济学的内容与范式，它应当同时甚至更多地反映给中国带来巨大发展的独特实践的成果。也就是说，中国应该建立与自身伟大实践相符合的经济学理论与范式，其中包括对市场经济实践的理论提炼与范式呈现，但不应是全盘追崇西方而导致的与中国实践脱节的虚化。

中国特色经济学的理论构建是否具有实践基础呢？答案是肯定的！新中国 70 多年的发展和实践及 40 多年的改革与开放已经为中国特色的经济学构建奠定了坚实的基础，并在主体上体现着与西方国家不同的特点，从而具有自己独特的创造，这也是包括西方国家在内各方面都认同的。

中国与西方国家的不同，至少体现在以下三个方面：

第一，国情不一样。中国人口众多，数量达 14 亿人；底子薄，人均资源很少。相对于人口数量来说，中国的国土面积可谓十分短缺。美国按大口径算，国土面积超过中国，但人口刚刚超过 3 亿人；俄罗斯国土面积为 1700 多万平方千米，人口只有近 1.5 亿人；加拿大国土面积为 998 万平方千米，超过中国，而人口只有 3700 多万人。与这些国家相比，中国实现快速发展殊为不易。与此同时，中国所建立的社会制度也具有独特性。由于多种原因，中国既不能走 1949 年前的道路，也不能走西方的道路，更不可能走苏联的道路，而只能走一条具有中国特色的社会主义道路。这一道路在经济上的特色是，以公有制为主体、多种所有制经济共同发展和按劳分配为主体、多种分配方式并存的社会主义市场经济体制。

第二，发展环境不一样。新中国成立70多年来的发展可谓内困外扰，始终处于紧约束之中。从内部看，因常年遭受战火侵害，新中国成立时面对的几乎是一片废墟，只能白手起家；又因为特殊的外部环境，只能自力更生。即便没有外部侵扰，解决几亿人的温饱都非常困难。从外部看，由于制度差异及其他重要原因，中国始终受到一些国家的围堵与封锁；中国坚持奉行不称霸和各国不分大小、一律平等的对外原则，从不侵略别国，也从不从外部掠夺资源；中国不处于世界发展的高位，引进资源要素不容易，在自身的资源要素还容易流失的情况下，积极履行国际义务，时常伸出援手支持落后或贫穷国家。

第三，发展方式不一样。中国这些年的快速发展，有许多方面明显不同于其他国家，特别是发达国家的基本做法，有自己的体制特点。概括地说，一是坚持"两轮驱动"：一方面推动市场在资源配置中发挥决定性作用，另一方面积极地、科学地发挥政府的作用。二是把握"两个抓手"：一手抓最落后群体的生产发展和民生改善、抓解决人民群众和经济社会面对的最基本的问题，如温饱问题、基本公共服务均等化问题；另一手抓与最先进的生产体系和科技手段的对接运用，力求后发先至，实现跨越发展。三是实行"两个途径"：依据不同区域的资源禀赋、现实基础和发展潜力，实施分类指导；同时发挥制度的优越性，推动发达地区运用各种手段支持落后地区。四是用好"两个市场"：一方面，坚持眼睛向内，深入广泛地开拓国内市场，不断挖掘内需潜力；另一方面，全方位、多层次地对外开放，深化国际合作，最大限度地运用外部资源、外部市场。五是重视"两个手段"：一方面，科学运用物质手段或经济杠杆，充分激发各市场主体的能动性和创造力；另一方面，大力弘扬中华民族特有的进取精神，积极为国家和社会发展尽心出力。六是形成"两个支撑":充分发挥各类功能平台的先行先试和示范带动作用,使之成为推动发展和促进创新的有力支撑;积极推动建立横向、纵向协调机制,及时协调解决重大战略决策实施中出现的困难与问题。七是推进"两个转变":在发展道路上由实行资源要素驱动向实行创新驱动转变;在发展内容上由追求高速增长向追求高质量发展转变。八是紧扣"两个目标":千方百计解决人民温饱问题,努力使人民生活水平达到小康,大力推进社会主义现代化建设,实现国家的富强和人民的富裕;坚持和完善中国特色社会主义制度,推进国家治理体系和治理能力现代化,实现国家的和谐安宁和中华民族的幸福安康。

中国丰富而具有创造性的实践足以使我们对深化经济理论研究、建立具有特色的经济学范式充满自信。我们不能妄自菲薄,也不能盲目跟随。对西方经济学的学习借鉴是必要的,但不能全盘照套照搬,中国的经济学研究及其教科书编写不能以与我们有很大差距的西方经济学及其教科书为标准,如果在内容上模仿,甚至分析方法、语言表达都完全套用是很不科学、很不合理的。中国经济理论研究及经济学范式发展创新的最坚实基础无疑是中国自己的实践。

中国特色经济学研究应在三个方面推进创新

2017年,中共中央印发的《关于加快构建中国特色哲学社会科学的意见》强调,坚持和发展中国特色社会主义,必须加快构建中国特色哲学社会科学。而加快构建具有中国特色的、符合中国国情的经济学也是构建中国特色哲学社会科学的重要组成部分。另外，中国的经济改革与发展实践取得令世人瞩目的成功也需要我们把实践中做得对、做得好的东西总结出来，这样不仅能为中国的经济发展问题提供思路和方法，也能为世界经济发展相关问题的解决提供参考和借鉴。这就需要我们以中国特色实践为依据或导引，实现对中国经济学理论的持续创新，作为方向，就当前而言，中国经济学的创新至少可以依次或同时在以下三个方面推进：

第一，在现有框架和范式下寻求创新与突破，重点是根据中国经济活动的状态与变化，把握其内在发展规律和演进逻辑做出新的总结归纳，给其以科学的描述与揭示。

第二，对现有框架和范式做适度的改造，对中国经济发展的创新性实践做深入的分析和科学的提炼概括，形成若干具有指导意义的原理、规制或守则。

第三，以中国特色社会主义实践为依据，融合世界经济发展的实践经验和有益创造，特别是现代市场经济的本质规定与基本要求，创造具有世界性指导意义的经济学理论、范式，形成基于中国成功实践、由中国经济学人主创、可以作为世界经济研究重要标准的经济学理论体系或教科书。

创新时代与时代女创客[*]

很高兴能够受邀参加"她力量：2020年全国首届女创客大赛总决赛暨颁奖盛典"这样一个具有特殊意义的活动。听了各位女性创客的演讲，看了关于大赛的相关活动情况的演示，我的感觉可以用珠璧交辉、异彩纷呈这样两个词来形容。我以为，整个活动过程充满着创新，而各位卓尔不群、智勇双全的创客用各具特色的精彩妆点了这个过程。毫无疑问，这个过程又给各位创客不断进取、奋勇开拓增添了新的动力。通过这个活动，我们看到了创新与创客的生动联系，正所谓交相辉映、相互促进、相得益彰。因此，我想结合本次活动，以"创新时代与时代女创客"为题

---

[*] 本文系作者于2020年12月29日在青岛主办的"她力量：2020年全国首届女创客大赛总决赛暨颁奖盛典"上所作的主旨演讲。

谈一些看法。

　　创新这个词，看似现代、仿佛时髦，实则古老、历史悠久且流行至今。就我国而论，关于创新的睿语哲思从古至今层出不穷，一直给我们开展持续和快速的创新以积极启迪和深刻警示。让我们简要地回顾一下其中一些著名的论述。《诗经》讲，"周虽旧邦、其命维新"；《大学》讲，"苟日新、日日新、又日新"；《周易》讲，"穷则变、变则通、通则久"；北宋王安石讲，"天变不足畏、祖宗不足法、人言不足恤"；明代归有光讲，"天下之事、因循则无一可为，奋然为之、亦未必难"。而今天人们讲，创新是一个民族进步的灵魂，是一个国家兴旺发达的不竭动力。正是在这些思想理论的指导下，在许多进步力量的推动下，涉及方方面面的创新得以执着地向前持续推进。可以说，一部中华文明发展史，也是一部创新史。

　　事实上，创新不只存在于中国，它是人类社会的一种必然行为和普遍现象。适应人的生存发展的需要，创新活动必须不断推进，不能终止；适应人的多方面的发展需要，创新活动会体现为各式各样的创新。这意味着，创新不以人们的意志为转移，也不会服从某些个人或团体的需要停止和放慢脚步，否则，它就会以更加剧烈的形式甚至对现状的彻底颠覆来呈现。在现实生活中，创新体现为一种你追我赶的竞争，无论对于一个国家而言，还是对一个单位、一个企业而言，不思创新，就会处于落后，也会陷入被动。

　　如今，我国已进入一个创新的新时代，创新需要以刻不容缓、迫在眉睫的节奏展开，并将呈现出更加丰富多彩而又高深难测的状态。究其主要原因，一是新一轮的科技革命与产业变革蓬勃兴起和加速进行，给实现创新发展创造了坚实的基础；二是世界上单边主义、保护主义、霸权主义掀起的反全球化逆流对我国现代化发展形成了严重制约，创新成为突破危困必然的和关键的选择；三是我国已进入高质量发展阶段，转变发展方式、优化经济结构和转换增长动力都必须依靠创新。可以说，推进创新、加快创新是机遇赋予、顺势而为，是环境所迫、发展需要。为此，国家提出要实施创新驱动发展战略，加快建设创新型国家。党的十九大强调，创新是引领发展的第一动力，是建设现代化经济体系的战略支撑。党的十九届五中全会进一步提出，要

2020年12月29日，作者在"她力量——2020年全国首届女创客大赛总决赛暨颁奖盛典"上作主旨演讲

坚持创新在我国现代化建设全局中的核心地位，把科技自主自强作为国家发展的战略支撑。创新被提到了前所未有的高度，也被摆放在了十分重要的位置。

创新靠谁？靠企业、靠机构、靠团体，但归根结底靠的是人，一个个充满创造活力的人和以科学方式组织起来的人的群体。创客就是这样的人，是那些不以利润为第一目的，而旨在实现自己的创新理念或意图，勇于创新、自主创业和不断创造的人，首创、开创、创意、创立等词汇就是这样一些人的内在品质。有了这些人，创新就有了希望；这样的人越多，国家的创新能力就越强。这其中就包括那些身先士卒、骁勇善战的女创客。今天在大赛中脱颖而出的冠军、亚军和季

军都是其中有佼佼者。我为大家热烈鼓掌与热情叫好。我想说，实践已经证明，处于当今时代的女创客们，能够用自己卓越努力和奉献在推动国家创新发展中发挥重要而独特的作用。

在我国，相对于男性创客而言，女性创客更值得尊敬和称道。女性无可选择地担当着家庭的主要角色，而如果成为创客，就同时肩负起了双重责任，实实在在地比男性多了一重负担。所以，做女人不易，做女创客更不易，女创客的成功需要付出更多的心血和更高的智慧。但女性又有独特的优势，如果恰到好处地发挥了这些优势，在创新创造的道路上，女创客会比男创客做得更出色、更实在，也会更美好。

那么，怎么样做才能取得成功？我认为做一个成功的女创客，其路径选择似可用这样一句话来概括，即"超脱到忘我、发挥到极致"。也就是说要忘掉自己的女性身份，同时也克服女性所具有的局限性，把女性所特有的优势最为充分也恰到好处地发挥出来。

怎么做？概括起来，就是要施展"四性"、体现"四心"。

一是充分展示"纤性"、体现"细心"。"纤性"是女性独有的品质，往往与纤细、细心、细致的思想和行为连在一起。常言道"细节决定成败"，女创客们要发挥"细"的优势，努力做更深入细致的思考、善于在细节上做文章。例如在产业的选择上，注重拓展那些容易被一般人忽视的行业和领域，在"融""混"和"结合部"上下功夫；在产品制造、服务提供上追求精益求精，不放过任何一个细小的问题；在创意设计上体察入微，更精准更细致地体现人的本性的要求、体现美好生活的需要。这样做，必然会高人一头，超人一截。

二是充分展示"柔性"、体现"善心"。柔美、柔和、柔顺、柔婉、温柔等词汇往往是女性的代称，因而"柔性"也是女性天生具有的素质，由"柔"引致和善、衍生善良，形成善心。而"善心"能够带来更深远的谋划、更多的机会和更好的结果。例如，互利共赢是现代市场经济经营之道，基于"善心"容易从双赢和多赢的角度考虑问题，从而更容易找到合作的机会、达成合作的目的；针锋相对往往会事与愿违，基于"善心"易于退一步思考问题，从而能够在激烈的市场竞争中获得相对宽松的发展空间，取得"退一步进两步"的效果；"众人拾柴火焰高"，基于"善心"更容易实施仁厚管理，从而能够全面充分地调动企业员工的积极性，有效集聚各方的优势资源。基于"柔性"精当用好"善心"，女创客将会得到出乎寻常的收获。

三是充分展示"韧性"、体现"耐心"。女性比男性更具柔韧度和坚韧性，基于这种韧性很容易形成不急躁、不厌烦、不突兀的"耐心"，而这种耐心会带给女创客们多方面的收益。例如，更加注重运用"风物长宜放眼量"的视界来谋划发展思路，从而抓好产业的培育拓展、人才的引进培养、体制的创新完善，不为眼前利益所有，不受现实假象所迷；更加注重实施"润物细无声"的引导式管理，努力通过示范带动和感召关心化解内部不利因素和负面动能，最大限度地凝聚团队智慧和力量；更加注重塑造"十年磨一剑"的执着精神优化生产经营行为，把追求产品与服务的高质量作为根本标准。

四是充分展示"知性"、体现"匠心"。作为介乎于感性与理性之间的一种认识能力，"知性"在女性身上体现得更为充分，而这种知性又能够推动创业者铸就体现求真务实、专注执着、精益求精、开拓创新这样一些特质的"匠心"。对于女创客来说，体现匠心能够做到勤于洞观大事、体察细微，符合实际精准制订发展预案与对策；能够做到精于深思熟虑、远近兼顾，不随心所欲、轻举妄动，不浅尝辄止、知难而退；能够做到勇于面对变化、保持定力，砥砺前行、出奇制胜。而这些都将使企业实现快速发展，并永远立于不败之地。

应当强调的是，如果把握不当，"四性""四心"也会变成女性的缺点和局限性，从而不利于女创客们在复杂的环境下与激烈的竞争中建功立业。应当清醒地认识到，"细心"不是事无巨细亲力亲为，更不是专权独断；"善心"不是放弃原则，搞一团和气；"耐心"不是优柔寡断，放纵拖沓松垮；"匠心"不是畏首畏尾、踟躇不前，也不是患得患失、斤斤计较。如果把握好了"四性""四心"，女创客们必然会在创新时代大显身手、大展才华，而创新时代也必将因为拥有这样一批才貌双全的巾帼豪杰而大放异彩、充满荣光。